KB181429

JLPT 급소공략

급소만을 집중 공략한
JLPT(일본어능력시험) 완벽 대비서

N2 문법

다락원

JLPT
급소공략 N2 문법 <2nd EDITION>

지은이 김성곤
펴낸이 정규도
펴낸곳 (주)다락원

초판 1쇄 발행 2010년 12월 30일
개정판 1쇄 발행 2018년 8월 29일
개정판 7쇄 발행 2024년 4월 14일

책임편집 김은경, 송화록
디자인 하태호, 정규옥

다락원 경기도 파주시 문발로 211
내용문의: (02)736-2031 내선 460~465
구입문의: (02)736-2031 내선 250~252
Fax: (02)732-2037
출판등록 1977년 9월 16일 제 406-2008-000007호

ISBN 978-89-277-1210-7 14730
978-89-277-1205-3(set)

http://www.darakwon.co.kr

- 다락원 홈페이지를 방문하시면 상세한 출판 정보와 함께 동영상강좌, MP3 자료 등 다양한 어학 정보를 얻으실 수 있습니다.
- **다락원 홈페이지** 또는 표지 날개 혹은 책 속의 **QR코드**를 찍으시면 **예문 해석 및 문제의 해답과 해석**을 확인하실 수 있습니다.

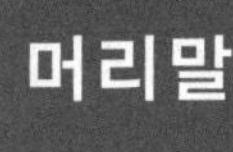

머리말

JLPT(일본어 능력시험)는 일본 정부가 공인하는 가장 공신력 있는 일본어시험으로, 1990년부터 2018년까지의 일본어 능력시험 분석을 토대로 이번에 급소공략 N2 문법을 개정하여 출간하게 되었습니다. 「なせばなる(하면 된다)」라는 말처럼 노력하면 성과가 있는 법입니다. 하지만 실제로는 무엇을 어떻게 해야 하는가가 더 중요하다고 할 수 있습니다. 이 책은 의욕 있는 수험자라면 누구나 끝까지 최선을 다할 수 있도록 이끌어 내는 데 중점을 두었습니다.

본서의 특징은

첫째, 출제빈도가 높은 문법 항목부터 학습해 나가도록 구성했다는 데에 있습니다. 문법서의 구성은 비슷한 의미나 접속형태를 중심으로 그룹화하는 방법, 히라가나 순으로 문형을 전개해가는 방법이 일반적입니다만, 본서는 핵심문법 항목을 먼저 마스터함으로써 시험에 더 강해질 수 있도록 구성하였습니다.

둘째, 적정 난이도의 풍부한 문제를 제공하고 있습니다. 본서에는 연습문제 45회(총 450문제), 총정리 문제 5회(총 250문제)와 2회의 모의테스트가 실려 있습니다. 이렇게 많은 문제를 통해 수험생들은 자연스럽게 문제에 친근해질 수 있습니다.

셋째, N2 레벨에 맞는 어휘를 엄선, 이를 토대로 한 예문과 문제가 실려 있습니다. 문법은 단순히 문법 파트의 문제 뿐만 아니라 독해나 청해에서도 이해의 근간이 되는 부분이므로, 제시된 문법 예문과 문제들을 익혀간다면, 독해와 청해 문제 해결에도 커다란 힘이 되리라 확신합니다

넷째, 부록으로 최종 모의테스트와 테마별 문법정리, 그리고 부사와 경어를 보강하여 합격에 한 걸음 더 다가갈 수 있도록 노력하였습니다. 또한, N2 시험에 자주 출제되는 N3 문법 포인트를 제시함으로서 고득점 합격에 만전을 기했습니다.

본서는 저자의 오랜 현장 강의 경험을 토대로 만들어졌기에, 이 책만으로도 JLPT(일본어능력시험)대비는 물론, 일본어실력 향상에도 크게 도움이 되리라 확신합니다. 이 교재를 사용하여 효율적이고 체계적으로 문법을 익혀, JLPT N2에 꼭 합격하기를 기원하는 바입니다.

끝으로 이 책이 출판되기까지 많은 격려와 도움을 주신 다락원 정규도 사장님과 일본어 출판부 관계자 분들께 이 자리를 빌어 깊은 감사를 드립니다.

저자 김성곤

CONTENTS

PART1 ● 001-030

PART2 ● 031-060

PART3 ● 061-090

PART4 ● 091-120

PART5 • 121-150

부록

JLPT(일본어 능력시험) N2 문제 유형 분석

JLPT(일본어 능력시험) N2 문법 문제는「문(文)의 문법1(문법형식의 판단)」,「문(文)의 문법2(문맥의 배열)」,「문장의 문법(문장의 흐름)」의 3가지 패턴으로 출제된다.

問題 7 문의 문법1(문법형식)

(　　) 안에 알맞은 표현을 넣어 문장을 완성하는 문제로,「문(文)의 문법1(문법형식)」에 해당된다. 문제 수는 12문제이며 변경될 경우도 있다.

34 あれこれ悩(なや)んだ(　　)、ABC大学を志望校に決めた。(2011.7)

1 さきに　　2 すえに　　3 ところに　　4 とおりに

問題 8 문의 문법2(문맥배열)

「문(文)의 문법2(문맥배열)」에 해당되며, 문을 바르게 그리고 뜻이 통하도록 배열할 수 있는지를 묻는다. 밑줄 친 공란이 4개 만들어져 있고, 그 중 한 개의 공란에 ★ 표시가 되어 있다. 문제 수는 5문제이며 변경될 경우도 있다.

48 最近、子どもがピアノを習いたいと言いだした。わたしは、子どもが ＿＿＿ ＿＿＿ ＿★＿ ＿＿＿ と思っている。(2011.7)

1 したい　　2 やりたい　　3 やらせて　　4 と思うことは

問題 9 문장의 문법(문장흐름)

비교적 긴 지문 안에 공란이 만들어져 있고, 그 공란에 들어갈 가장 좋은 것을 고르는 문제 형식이다. 문장의 흐름에 맞는 문(文)인지 어떤지를 판단할 수 있는가를 묻고 있다. 問題 3 의 공란에는 반드시 N3 기능어가 사용되지는 않으며, 문장의 흐름에 맞는 문법 요소나 어휘, 접속사·부사 등이 많이 나온다. 5문제가 출제되며 변경될 경우도 있다.

……

一言で鉄道ファンといってもその趣味の内容は多種多様だ。そして、電車に乗るのが好きな「鉄(てつ)」は「乗(の)り鉄(てつ)」というように、それぞれその内容に対応した呼び名がある。「乗(の)り鉄(てつ)」 **51** 、写真を撮るのが好きな「撮(と)り鉄(てつ)」、車両や鉄道がある風景を描(えが)く「描(か)き鉄(てつ)」、鉄道の模型が好きな「模(も)型鉄(けいてつ)」などだ。ある40代の「乗(の)り鉄(てつ)」の女性は鉄道の魅力(みりょく)を **52** 語る。(2011.7)

……

51

1 にかわって　　2 によって　　3 のうえ　　4 のほか

52

1 こう　　2 そう　　3 同様に　　4 以上のように

교재의 구성과 특징

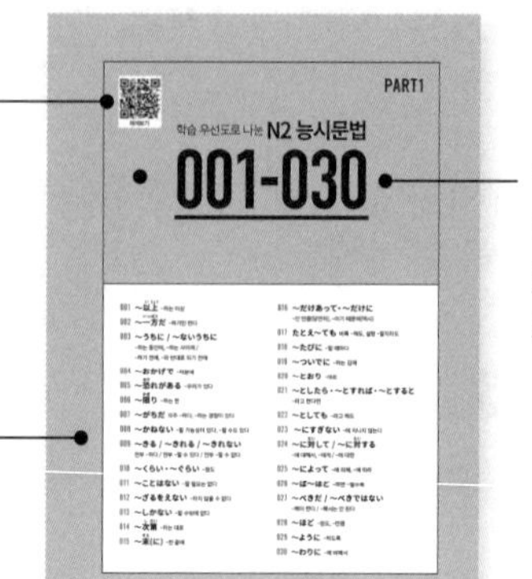

PART1
학습 우선도로 나눈 N2 능시문법
001-030

휴대폰으로 QR코드를 찍으면 각 문형의 예문과 연습 문제·총정리 문제의 해석을 볼 수 있다.

150개 문형을 학습우선도로 5개의 파트로 나누고, 각 파트를 30개씩 묶어 학습하도록 하였다.

본 학습에 들어가기전 앞으로 배울 문형과 그 뜻을 예습삼아 훑어보고 가자.

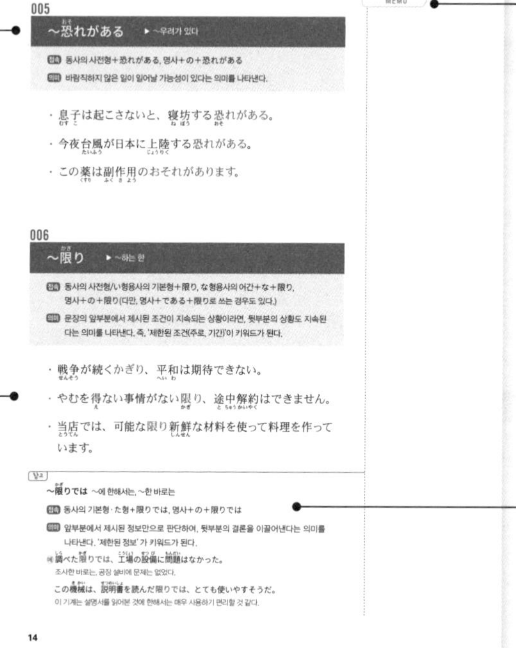

N2 능시문법

MEMO

005

~恐れがある ▶ ~우려가 있다

접속 동사의 사전형+恐れがある, 명사+の+恐れがある

의미 바람직하지 않은 일이 일어날 가능성이 있다는 의미를 나타낸다.

· 息子は起こさないと、寝坊する恐れがある。

· 今夜台風が日本に上陸する恐れがある。

· この薬は副作用のおそれがあります。

006

~限り ▶ ~하는 한

접속 동사의 사전형/い형용사의 기본형+限り, な형용사의 어간+な+限り, 명사+の+限り(다만, 명사+である+限り로 쓰는 경우도 있다.)

의미 문장의 앞부분에서 제시된 조건이 지속되는 상황이라면, 뒷부분의 상황도 지속된다는 의미를 나타낸다. 즉, '제한된 조건(주로, 기간)'이 키워드가 된다.

· 戦争が続くかぎり、平和は期待できない。

· やむを得ない事情がない限り、途中解約はできません。

· 当店では、可能な限り新鮮な材料を使って料理を作っています。

참고

~限りでは ~에 한해서는, ~한 바로는

접속 동사의 기본형·た형+限りでは, 명사+の+限りでは

의미 앞부분에서 제시된 정보만으로 판단하여, 뒷부분의 결론을 이끌어낸다는 의미를 나타낸다. '제한된 정보'가 키워드가 된다.

예 調べた限りでは、工場の設備に問題はなかった。
조사한 바로는, 공장 설비에 문제는 없었다.

この機械は、説明書を読んだ限りでは、とても使いやすそうだ。
이 기계는 설명서를 읽어본 것에 한해서는 매우 사용하기 편리할 것 같다.

14

필수 문법

문형의 접속 형태와 의미를 정리해 놓고 있다. 실제 문제에서는 알맞은 접속 형태를 묻기도 하므로 눈여겨 보고, 정확한 의미도 함께 숙지해 두도록 한다.

단어 정리나 필기 내용 등을 적을 수 있도록 **MEMO**를 마련했다.

문형이 실제로 문장에서는 어떻게 쓰이는지 그 예문을 싣고 있다. 이 예문은 대표적인 예문이므로, 가능하면 통째로 암기해 놓는 것이 좋다.

추가로 함께 알아두면 좋은 표현이나 부연 설명 등은 따로 참고를 두었다.

연습 문제

문형 10개마다 연습문제로 30문제가 실려 있다. 익힌 문형을 「문법 형식을 판단하는 문제」로 바로바로 풀어봄으로써 문형의 복습은 물론, 실제 시험을 푸는 요령도 함께 익힐 수 있다.

총정리 문제

하나의 파트마다 총정리문제로 50문제가 실려 있다. 문법 형식 판단 20문제, 문맥배열 20문제, 문장흐름 10문제로 구성되어 있다.

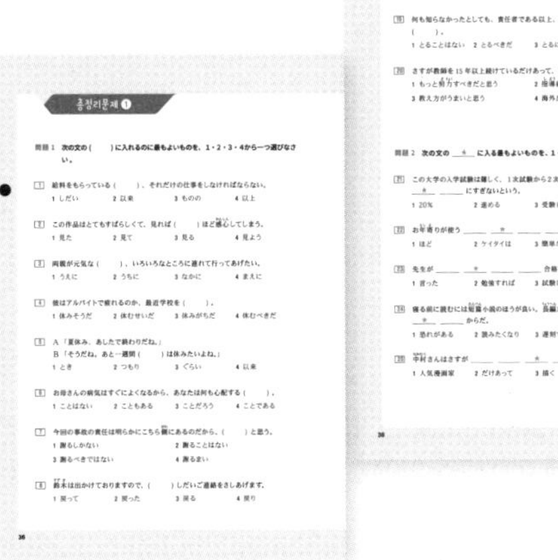

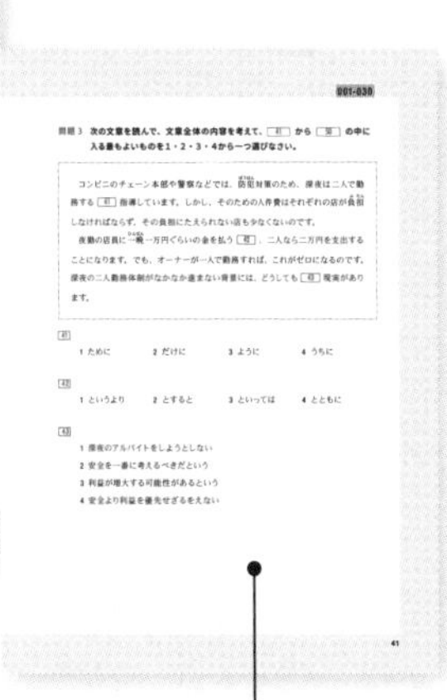

문제3 문장흐름은 원래 긴 문장이 나오고 5문제가 제시되지만, 여기서는 절반정도의 지문 길이에 2~3개의 문제를 푸는 문제로 구성하여, 문제에 대한 부담을 줄였다.

모의테스트

부록에는 마지막 마무리로 풀어볼 모의테스트 2회분이 실려 있다. 15분 정도로 시간을 맞춰놓고 풀어보자. 한 회당 22문제이다.

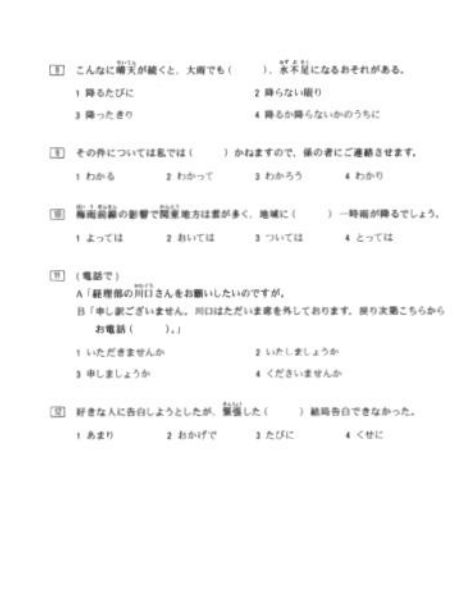

테마별 문법 정리 150

효율적인 학습을 위하여 비슷한 테마로 문법을 묶어 정리해 두었다. 문법을 모두 익힌 후 최종 복습으로 정리하면 도움이 된다.

N2 문법 색인

교재 안에 있는 150개 문법을 히라가나 순으로 정리해 놓고 그 문법의 의미와 해당 페이지를 표시해 놓았다. 색인과 함께 문법 학습에 대한 체크목록으로 활용하자.

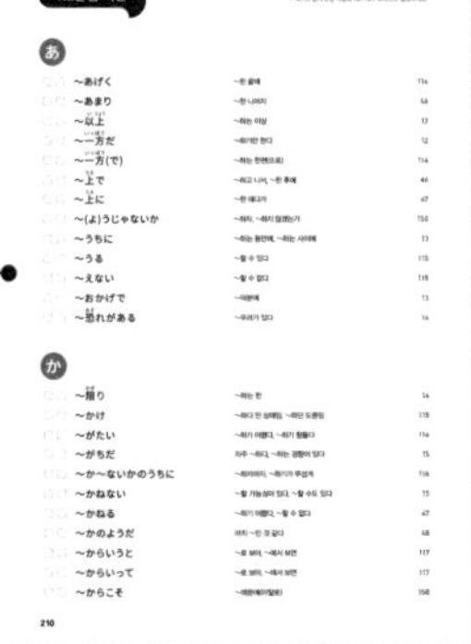

접속형태에 대하여

문법표현들은, 문법표현이 포함된 문장을 이해하고 암기하는 것이 필요하다. 다만, 문법표현에 따라서 접속방법이 다르기 때문에 접속방법 또한 정확하게 이해해 두어야 한다. 본서에 제시된 문법표현들에 사용된 접속관련 표현들은 다음과 같이 정리할 수 있다.

동사

사전형	書く, 見る	た형	書いた, 見た
ます형	書き(ます), 見(ます)	의지형	書こう, 見よう
て형	書いて, 見て	ば형	書けば, 見れば
ない형	書か(ない), 見(ない)	보통형	書く, 書いた, 書かない, 書かなかった, 見る, 見た, 見ない, 見なかった
가능형	書ける, 見られる		

い형용사

사전형	高い, さむい	ば형	高ければ, さむければ
て형	高くて, さむくて	보통형	高い, 高かった, 高くない, 高くなかった, さむい, さむかった, さむくない, さむくなかった
ない형	高くない, さむくない		
た형	高かった, さむかった		

な형용사

사전형	好きだ, ひまだ	ば형	好きなら(ば), ひまなら(ば)
て형	好きで, ひまで	보통형	好きだ, 好きだった, 好きではない, 好きではなかった, ひまだ, ひまだった, ひまではない, ひまではなかった
ない형	好きではない, ひまではない		
た형	好きだった, ひまだった		

명사

보통형	学生だ, 学生だった, 学生ではない, 学生ではなかった 休みだ, 休みだった, 休みではない, 休みではなかった

PART1

학습 우선도로 나눈 **N2 능시문법**

001-030

001 **～以上(いじょう)** ~하는 이상

002 **～一方(いっぽう)だ** ~하기만 한다

003 **～うちに / ～ないうちに**
~하는 동안에, ~하는 사이에 /
~하기 전에, ~와 반대로 되기 전에

004 **～おかげで** ~덕분에

005 **～恐(おそ)れがある** ~우려가 있다

006 **～限(かぎ)り** ~하는 한

007 **～がちだ** 자주 ~하다, ~하는 경향이 있다

008 **～かねない** ~할 가능성이 있다, ~할 수도 있다

009 **～きる / ～きれる / ～きれない**
전부 ~하다 / 전부 ~할 수 있다 / 전부 ~할 수 없다

010 **～くらい・～ぐらい** ~정도

011 **～ことはない** ~할 필요는 없다

012 **～ざるをえない** ~하지 않을 수 없다

013 **～しかない** ~할 수밖에 없다

014 **～次第(しだい)** ~하는 대로

015 **～末(すえ)(に)** ~한 끝에

016 **～だけあって・～だけに**
~인 만큼(당연히), ~이기 때문에(역시)

017 **たとえ～ても** 비록 ~해도, 설령 ~할지라도

018 **～たびに** ~할 때마다

019 **～ついでに** ~하는 김에

020 **～とおり** ~대로

021 **～としたら・～とすれば・～とすると**
~라고 한다면

022 **～としても** ~라고 해도

023 **～にすぎない** ~에 지나지 않는다

024 **～に対(たい)して / ～に対(たい)する**
~에 대해서, ~에게 / ~에 대한

025 **～によって** ~에 의해, ~에 따라

026 **～ば～ほど** ~하면 ~할수록

027 **～べきだ / ～べきではない**
~해야 한다 / ~해서는 안 된다

028 **～ほど** ~정도, ~만큼

029 **～ように** ~하도록

030 **～わりに** ~에 비해서

MEMO

001

～以上(いじょう) ▶ ～하는 이상

접속 동사･い형용사의 보통형＋以上, な형용사의 어간･명사＋である＋以上

의미 어떠한 사정이 있어서 그렇게 하겠다는 강한 의지나 판단을 나타낸다.

- 試験(しけん)を受けると決めた以上、一生懸命(いっしょうけんめい)勉強して合格(ごうかく)したい。
- 彼の提案(ていあん)は、断(ことわ)る理由がない以上、引き受けるしかないだろう。
- 社員である以上、会社の命令(めいれい)には従(したが)わなければならない。

002

～一方(いっぽう)だ ▶ ～하기만 한다

접속 동사의 사전형＋一方だ

의미 어떤 일이 한쪽으로만 변화가 진행되는 경우를 나타낸다.

- 日本に来る外国人の数(かず)はふえる一方(いっぽう)だ。
- 最近残業続(ざんぎょうつづ)きなので、疲(つか)れもたまる一方だ。
- 梅雨(つゆ)も明(あ)け、これからはますます暑くなる一方だ。

MEMO

003

～うちに / ～ないうちに ▶ ～하는 동안에 / ～하기 전에

각각 다음과 같은 의미로 쓰인다.

1. ～うちに ～하는 동안에, ～하는 사이에

접속 동사의 사전형/い형용사의 기본형＋うちに, な형용사의 어간＋な＋うちに, 명사＋の＋うちに

의미 지금의 상태가 유지되는 동안에 무언가 동작을 할 때 사용한다.

・若いうちに、いろいろなことをやってみたいです。

・子どもが寝ているうちに、掃除(そうじ)をしたほうがいいだろう。

2. ～ないうちに ～하기 전에, ～와 반대로 되기 전에

접속 동사의 ない형＋ないうちに

의미 지금의 상태가 다른 상태로 변하기 전에 무언가 동작을 할 때 사용한다.

・暗(くら)くならないうちに帰りましょう。

・寒くならないうちに厚(あつ)いカーテンを洗濯しておこう。

004

～おかげで ▶ ～덕분에

접속 동사·い형용사의 보통형＋おかげで, な형용사의 어간＋な＋おかげで, 명사＋の＋おかげで

의미 어떠한 이유로 인하여 좋은 결과가 되어 감사하는 마음을 나타낼 때 사용한다.

・田中さんが手伝(てつだ)ってくれたおかげで、仕事がだいぶ早く終わった。

・この地方は湿度(しつど)が低いおかげで、空気(くうき)もカラッとしていて気持ちいい。

・この発表会(はっぴょうかい)は、皆様のおかげで無事(ぶじ)に終了(しゅうりょう)出来ました。

MEMO

005

～恐(おそ)れがある ▶ ～우려가 있다

접속 동사의 사전형＋恐れがある, 명사＋の＋恐れがある

의미 바람직하지 않은 일이 일어날 가능성이 있다는 의미를 나타낸다.

- 息子(むすこ)は起こさないと、寝坊(ねぼう)する恐(おそ)れがある。
- 今夜台風(たいふう)が日本に上陸(じょうりく)する恐れがある。
- この薬(くすり)は副作用(ふくさよう)のおそれがあります。

006

～限(かぎ)り ▶ ～하는 한

접속 동사의 사전형/い형용사의 기본형＋限り, な형용사의 어간＋な＋限り, 명사＋の＋限り(다만, 명사＋である＋限り로 쓰는 경우도 있다.)

의미 문장의 앞부분에서 제시된 조건이 지속되는 상황이라면, 뒷부분의 상황도 지속된다는 의미를 나타낸다. 즉, '제한된 조건(주로, 기간)'이 키워드가 된다.

- 戦争(せんそう)が続くかぎり、平和(へいわ)は期待できない。
- やむを得(え)ない事情がない限(かぎ)り、途中解約(とちゅうかいやく)はできません。
- 当店(とうてん)では、可能な限り新鮮(しんせん)な材料を使って料理を作っています。

참고

～限(かぎ)りでは ～에 한해서는, ～한 바로는

접속 동사의 기본형·た형＋限りでは, 명사＋の＋限りでは

의미 앞부분에서 제시된 정보만으로 판단하여, 뒷부분의 결론을 이끌어낸다는 의미를 나타낸다. '제한된 정보'가 키워드가 된다.

예 調(しら)べた限(かぎ)りでは、工場(こうじょう)の設備(せつび)に問題(もんだい)はなかった。
조사한 바로는, 공장 설비에 문제는 없었다.

この機械(きかい)は、説明書(せつめいしょ)を読んだ限りでは、とても使いやすそうだ。
이 기계는 설명서를 읽어본 것에 한해서는 매우 사용하기 편리할 것 같다.

MEMO

007

～がちだ ▶ 자주 ~하다, ~하는 경향이 있다

접속 동사의 ます형/명사+がちだ

의미 어떤 좋지 않은 경향이 발생하기 쉽다는 의미를 나타낸다.

- 車で通勤(つうきん)していると、運動不足(ぶそく)になりがちだ。
- 一人暮(ぐ)らしは栄養(えいよう)のバランスが悪くなりがちだ。
- 弟は、小さい頃から病気(びょうき)がちだった。

008

～かねない ▶ ~할 가능성이 있다, ~할 수도 있다

접속 동사의 ます형+かねない

의미 어떠한 부정적인 상황이 발생할 가능성이 있다는 의미를 나타낸다.

- 無理なダイエットは体を壊(こわ)しかねない。
- スピードを出しすぎると、事故を起こしかねない。
- 今すぐ対策(たいさく)を立てないと、大変なことになりかねない。

MEMO

009

～きる / ～きれる / ～きれない

▶ 전부 ～하다 / 전부 ～할 수 있다 / 전부 ～할 수 없다

접속 동사의 ます형＋きる/きれる/きれない

의미 「～きる」는 '전부 그렇게 하다', '완전히 그렇게 하다'라는 의미로 가능형태로 활용도 한다.

- この商品は、開封後は早めに使いきりましょう。
- こんなに分厚い本を一晩で読みきれるわけがない。
- レストランで食べ切れなかった料理はお持ち帰りもできる。

참고

「～きる」는 그밖에 '너무 ～하다, 상당히 ～하다'의 의미로 쓰이기도 한다.

예 旅先で財布をすられて困りきってしまった。
여행지에서 지갑을 소매치기 당해서 너무나 난처했다.

010

～くらい・～ぐらい ▶ ～정도

접속 동사·い형용사·な형용사의 명사접속형/명사＋くらい・ぐらい

의미 '대략적인 정도'나 '최소한의 정도'를 표현한다. 접속에 관계없이 「くらい・ぐらい」 어느 형태로든 사용할 수 있다.

1. 대략적인 정도

- ひざが痛くて歩けないくらいだ。
- あまりにも怖くて、大声で叫びたいぐらいだった。

2. 최소한의 정도

- 自分の部屋くらいは自分で掃除しなさい。
- 人に会ったらあいさつぐらいはするものだ。

01-10 연습문제 ①

問題　次の文の（　　　）に入れるのに最もよいものを、1・2・3・4から一つ選びなさい。

01 妹は体が弱いために学校を（　　　）。

1 休みかけだ　　2 休みがちだ

3 休んだにすぎない　　4 休むわけがない

02 店員の態度が悪いと、客に不快感（ふかいかん）を与（あた）え（　　　）。

1 たくない　　2 きれない　　3 っこない　　4 かねない

03 もう酒は飲まないと決めた（　　　）、絶対（ぜったい）にそれを守りたい。

1 一方　　2 以上　　3 末　　4 次第

04 台風についての情報が混乱（こんらん）し、住民の不安は広がる（　　　）。

1 以上だ　　2 通りだ　　3 一方だ　　4 代わりだ

05 家の近くに新しい駅ができた（　　　）、通勤（つうきん）が便利になった。

1 せいで　　2 くせに　　3 うえで　　4 おかげで

06 この水は汚染（おせん）されている（　　　）があるため、飲んではいけない。

1 気味　　2 一方　　3 恐れ　　4 最中

07 体に痛みがある（　　　）、運動を中止（ちゅうし）してください。

1 くらいは　　2 うちは　　3 よりは　　4 ほどは

08 初めてのマラソン大会だが、参加するからには、最後まで（　　　）。

1 走りかねない　　2 走るかのようだ

3 走るわけにはいかない　　4 走りきりたい

09 日本語は一年勉強したので、簡単な会話（　　　）ならできます。

1 とおり　　2 くらい　　3 つもり　　4 あげく

10 説明書を読まない（　　　）、使い方はわからないだろう。

1 しだい　　2 かぎり　　3 うえに　　4 ように

問題　次の文の（　　　）に入れるのに最も よいものを、1・2・3・4から一つ選びなさい。

01　この本は専門書(せんもんしょ)なので最後まで（　　　）のは大変かもしれない。
1 読みつつある　2 読み始める　3 読みかねる　4 読みきる

02　この料理は温(あたた)かい（　　　）食べないとおいしくないよ。
1 うちに　2 うえに　3 まえに　4 限りに

03　この町の 14 歳未満(みまん)の人口は（　　　）一方だ。
1 減り　2 減る　3 減った　4 減るだろう

04　コーチの熱心な指導(しどう)の（　　　）、試合(しあい)に勝(か)つことができた。
1 せいで　2 おかげで　3 ために　4 ようで

05　大騒(おおさわ)ぎになり（　　　）から、今回のことはしばらく言わない方がいいでしょう。
1 かねない　2 かねる　3 きれない　4 ようがない

06　いっしょうけんめい練習してきたのに、試合に負けてしまい、くやしくて泣きたい（　　　）。
1 くらいだ　2 とおりだ　3 べきだ　4 がちだ

07　急(いそ)いで何か安全対策を立てないと、大事故(だいじこ)につながる（　　　）がある。
1 わけ　2 おそれ　3 あげく　4 しだい

08　いったん仕事を引き受けた（　　　）、途中(とちゅう)でやめることはできないだろう。
1 以上は　2 うちは　3 ばかりか　4 一方で

09　体力が落ちると、細菌(さいきん)やウイルスへの抵抗力(ていこうりょく)が弱(よわ)まり風邪を（　　　）になる。
1 しがち　2 させがち　3 ひきがち　4 ひくがち

10　彼は、病気にでも（　　　）限り、休んだりしないだろう。
1 なる　2 なった　3 ならない　4 ならなかった

1-10 연습문제 ③

問題　次の文の（　　　）に入れるのに最もよいものを、1・2・3・4から一つ選びなさい。

01 この大学に合格できたのは、先輩(せんぱい)の助言(じょげん)（　　　）です。

1 おかげ　　2 のおかげさま　　3 おかげさま　　4 のおかげ

02 風が強くて、まっすぐに歩けない（　　　）だった。

1 あげく　　2 ぐらい　　3 せい　　4 一方

03 借金(しゃっきん)が多すぎて自分の収入(しゅうにゅう)ではもう（　　　）状態だ。

1 返済しかねない　　2 返済しうる　　3 返済しきれない　　4 返済しつつある

04 最近残業(ざんぎょう)で毎日帰りが遅いので、（　　　）です。

1 寝坊するがち　　2 寝坊のがち　　3 寝坊しがち　　4 寝坊したがち

05 私の見た（　　　）、彼女にそれほどショックを受けた様子(ようす)はなかった。

1 うちに　　2 ついでに　　3 かぎりでは　　4 たびに

06 台風のため、南部(なんぶ)地方では1時間に 50 ミリを超(こ)える激(はげ)しい雨が降る（　　　）。

1 おそれがある　　2 わけがある　　3 べきである　　4 しだいである

07 収入(しゅうにゅう)は増えないのに物価(ぶっか)は上がり、生活は苦しくなる（　　　）である。

1 あげく　　2 いっぽう　　3 いじょう　　4 しだい

08 初めて買った新車(しんしゃ)だが、一年も（　　　）傷(きず)だらけになってしまった。

1 経(た)たないうちに　　2 経(た)たなくて　　3 経(た)たないために　　4 経(た)たない先に

09 もう遅刻(ちこく)はしないと言った以上、（　　　）。

1 守れるわけがない　　2 守るものか

3 守るどころではない　　4 守ってもらいたい

10 酒を飲んで運転(うんてん)すると、事故を（　　　）かねない。

1 起こさ　　2 起こし　　3 起こす　　4 起こして

MEMO

011

～ことはない ▶ ～할 필요는 없다

접속 동사의 사전형+ことはない

의미 그럴 필요가 없다고 다짐하거나 충고할 때 사용한다.

- あなたが一人で責任(せきにん)を感じることはない。
- 簡単(かんたん)な手術(しゅじゅつ)だから、何も心配することはないよ。
- 君が悪いわけじゃないので、そんなに謝(あやま)ることはないよ。

012

～ざるをえない ▶ ～하지 않을 수 없다

접속 동사의 ない형+ざるをえない

의미 다른 방법이 없으므로, 희망과는 달리 그렇게 해야만 한다는 의미를 나타낸다.
「する」는 「せざるをえない」가 된다.

- こんな大雨(おおあめ)では、試合(しあい)は中止(ちゅうし)せざるをえないだろう。
- 父が急に入院(にゅういん)し、海外旅行はあきらめざるをえない。
- 急(いそ)ぎの仕事があると、休日出勤(きゅうじつしゅっきん)もせざるをえない。

MEMO

013

～しかない ▶ ～할 수밖에 없다

접속 동사의 사전형＋しかない

의미 그렇게 하는 것 외에는 방법이 없다는 의미를 나타낸다.

・やると約束した以上、やるしかない。

・この病気を治(なお)すには、手術(しゅじゅつ)するしかない。

・バスも電車もないところだから、歩いて行くしかない。

014

～次第(しだい) ▶ ～하는 대로

접속 동사의 ます형＋次第

의미 어떤 일이 끝나면 바로 다른 일을 한다는 의미를 표현한다.

・雨が上がり次第(しだい)、出かけましょう。

・ご注文の商品(しょうひん)が入りしだいご連絡します。

・授業が終わり次第、放課後(ほうかご)のクラブ活動に参加(さんか)する。

MEMO

015

～末(に) ▶ ~한 끝에

접속 동사의 た형＋末(に), 명사＋の＋末(に)

의미 오랫동안 무언가를 한 뒤를 말한다.

- 彼は苦労した末に幸せをつかんだ。
- 何を買おうかとさんざん迷った末に、いちばん小さいのを買った。
- 激しい戦いの末、１点差でわがチームが勝利した。

016

～だけあって・～だけに ▶ ~인 만큼 (당연히), ~이기 때문에 (역시)

접속 동사・い형용사・な형용사의 명사수식형/명사＋だけあって・だけに

의미 어떠한 이유가 있어서 당연히 그러하다는 느낌을 강조한다.

- 彼は子どものときアメリカで育っただけあって、英語の発音がいい。
- このレストランは有名なだけあって、料理はどれもおいしかった。
- 彼は生徒会長だけに、みんなに信頼されている。

참고

'～라서 보통의 경우보다 더욱'이라는 의미를 나타내는 용법도 있다.

예 休日も休まず一生懸命がんばっただけに、計画の失敗のショックは大きかった。
휴일도 쉬지 않고 열심히 노력했으니 만큼, 계획실패의 충격은 컸다. (~했으니 만큼 더욱)

MEMO

017

たとえ〜ても ▶ 비록 ~해도, 설령 ~할지라도

접속 たとえ~[동사의 て형＋も, い형용사의 어간＋くても, な형용사의 어간·명사＋でも]

의미 만약의 경우를 가정하는 표현으로, 주로 자신의 의지를 강조하는 문장이 뒤에 온다.

- たとえ困難(こんなん)があっても、最後までがんばろう。
- たとえお金がなくても、愛する家族と一緒なら幸(しあわ)せだ。
- 中山(なかやま)さんは、たとえお酒の席でも礼儀(れいぎ)を守る人だ。

018

〜たびに ▶ ~할 때마다

접속 동사의 사전형＋たびに, 명사＋の＋たびに

의미 어떤 동작을 할 때는 항상 그 일이 발생한다는 의미를 나타낸다.

- あの歌を聞くたびに、子どもの頃を思い出す。
- 花子(はなこ)さんは会うたびに服装(ふくそう)が違う。
- 山田さんは旅行のたびに、絵葉書(えはがき)を買ってきてくれる。

MEMO

019

～ついでに ▶ ～하는 김에

접속 동사의 사전형·た형＋ついでに, 명사＋の＋ついでに

의미 어떠한 일을 할 때에 그것을 기회로 다른 일도 한다는 의미를 나타낸다.

- 家を建(た)て替(か)えるついでに、庭(にわ)に小さな池(いけ)を作りたい。
- 駅前(えきまえ)まで行ったついでに、新しくできた喫茶店(きっさてん)でコーヒーを飲んだ。
- 買い物のついでに、手紙を出してきた。

020

～とおり(に) ▶ ～대로

접속 동사의 사전형·た형＋とおり(に), 명사＋の＋とおり, 명사＋どおり

의미 「とおり」 앞에 제시된 것과 같은 내용을 나타내는 표현이다.

- これから先生が言うとおりに図形(ずけい)をかいてください。
- 今日の天気は昨日の予報(よほう)のとおりだった。
- 結果はみんなの予想どおりだった。

問題　次の文の（　　）に入れるのに最もよいものを、1・2・3・4から一つ選びなさい。

01 苦労の（　　）製品が完成(かんせい)した時はうれしかった。
1 ところで　2 以来　3 からには　4 末に

02 その案には反対だが、決まった以上、（　　）をえない。
1 従い　2 従うしか　3 従わざる　4 従う

03 古い写真を見る（　　）、故郷(こきょう)のことを思い出す。
1 たびに　2 ばかりに　3 とおりに　4 ほかに

04 だれも助けてくれないので、自分一人でがんばる（　　）ない。
1 さえ　2 しか　3 だけ　4 ばかり

05 彼は、学生時代にやっていた（　　）今でも水泳が上手だ。
1 だけあって　2 からには　3 にしては　4 くせに

06 あの人は何でも自分の思う（　　）しようとする。
1 にくわえて　2 におうじて　3 とおりに　4 ばかりに

07 たとえ試験に（　　）、あなたの今までの努力(どりょく)はむだではないよ。
1 合格したら　2 合格するなど
3 合格しないことには　4 合格しなかったとしても

08 スーツを（　　）ネクタイも一本買った。
1 買いつつも　2 買うかといえば　3 買うついでに　4 買ったとおり

09 会議の参加者の名前がわかり（　　）、教えていただけませんか。
1 うえで　2 しだい　3 とたんに　4 とともに

10 その本なら図書館で借(か)りればいいから、わざわざ買う（　　）。
1 ところだ　2 ことだ　3 ことはない　4 どころではない

연습문제 ❺

問題　次の文の（　　　）に入れるのに最もよいものを、1・2・3・4から一つ選びなさい。

01　借りたお金は約束（　　　）、きちんと返します。

1 かぎり　2 どおり　3 うえで　4 ばかり

02　資金不足(しきんぶそく)により、開発計画も大幅(おおはば)に（　　　）だろう。

1 修正(しゅうせい)しかねる　2 修正(しゅうせい)せざるをえない

3 修正(しゅうせい)するわけにはいかない　4 修正(しゅうせい)するかのよう

03　台風で電車もバスも止まってしまった。これでは会社を（　　　）。

1 休んではいられない　2 休みかねる

3 休むしかない　4 休むわけがない

04　会議のスケジュールが（　　　）次第、お知らせします。

1 決まる　2 決まろう　3 決まり　4 決まって

05　出張で東京(とうきょう)に行った（　　　）大学時代の友だちに会ってきた。

1 ついでに　2 ところに　3 とおりに　4 ばかりに

06　これは真剣(しんけん)に考えた（　　　）の決断(けつだん)だから、後悔はしません。

1 最後　2 末　3 最中　4 終り

07　電話で話せばすむのだから、わざわざ行く（　　　）。

1 べきです　2 ということです　3 しかありません　4 ことはありません

08　彼女はイギリスに10年も住んでいた（　　　）、さすがにイギリスのことをよく知っている。

1 かといって　2 だけに　3 にしては　4 にとって

09　このケータイはボタンを押す（　　　）、きれいな音が出る。

1 うえに　2 ついでに　3 といっても　4 たびに

10　たとえお金が（　　　）幸(しあわ)せに見える家庭はいくらでもある。

1 ないなら　2 なくても　3 なければ　4 ないので

연습문제 ❻

問題　次の文の（　　　）に入れるのに最もよいものを、1・2・3・4から一つ選びなさい。

01　息子はもう大人なのだから、親が心配する（　　　）はない。

1 よう　　2 わけ　　3 こと　　4 もの

02　パソコンのキーボードを打つ（　　　）、親指(おやゆび)と人差(ひとさ)し指(ゆび)が痛い。

1 くらい　　2 くせに　　3 ついでに　　4 たびに

03　駅前の店でカメラの安売(やすう)りをしている。でも、今はお金が足りないから、買うのは諦(あきら)める（　　　）ない。

1 しか　　2 のみ　　3 わけ　　4 こそ

04　私が心配した（　　　）、大雨で遠足(えんそく)は中止になってしまった。

1 あげく　　2 あまり　　3 だらけ　　4 とおり

05　子どもたちは授業が終わり（　　　）下校(げこう)となっている。

1 しだい　　2 ながら　　3 うちに　　4 たびに

06　図書館に本を返しに（　　　）近くの公園を散歩してきた。

1 行くからには　　2 行くだけあって　　3 行ったついでに　　4 行くほど

07　たとえまわりの人が（　　　）私の決心は変わらない。

1 反対するにしたがい　　2 反対したとしても

3 反対するだけあって　　4 反対してからでないと

08　何度も同じ事故が起こるとは、安全対策が不十分だったと（　　　）。

1 言いようがない　　2 言わざるをえない　　3 言いっこない　　4 言うどころではない

09　いろいろと悩んだ（　　　）、大学院へ進学することはやめ、就職(しゅうしょく)する道を選んだ。

1 きり　　2 さえ　　3 以上　　4 末に

10　このレストランは評判(ひょうばん)が高い（　　　）、味もサービスも素晴らしいですね。

1 とすれば　　2 といっても　　3 だけあって　　4 わりには

MEMO

021

～としたら・～とすれば・～とすると ▶ ～라고 한다면

접속 동사·い형용사·な형용사·명사의 보통형＋としたら・とすれば・とすると

의미 '만약 그렇다고 가정한다면'이라는 의미로, 가정을 나타낸다.

- もしあなたが私だとしたら、どうしますか。
- 経験豊(けいけんゆた)かな彼に難しいとすれば、私なんかにできるはずがない。
- この辺(へん)で花見(はなみ)に行くとすると、どこがいいでしょうか。

022

～としても ▶ ～라고 해도, ～라고 할지라도

접속 동사·い형용사·な형용사·명사의 보통형＋としても

의미 실제로는 어떠한 일이 발생하지 않았지만, 만약 그렇게 되더라도 별로 관련성이 없다는 것을 나타내는 역접의 문형이다. 또한「～としたって」는「～としても」의 회화체 표현에 해당한다.

- たとえ失敗したとしても、これまでの努力(どりょく)は無駄(むだ)ではないはずだ。
- 給料(きゅうりょう)が高いとしても、そんな面白くない仕事(しごと)はしたくない。
- どんなに良い商品(しょうひん)だとしても、誰にも見えない場所(ばしょ)にあると売れないだろう。

MEMO

023

～にすぎない ▶ ～에 지나지 않는다

접속 동사의 보통형+にすぎない, な형용사의 어간+である+にすぎない,
명사+(である)+にすぎない

의미 별로 대단한 것이 아니라는 느낌을 나타낸다. 명사에 접속하는 경우가 대부분이다.

- 社長が代わるという話は、単(たん)なるうわさにすぎない。
- この本はよく売れているといっても、学生に読まれているにすぎない。
- お礼(れい)はいりません。私は当然のことをしたにすぎません。

024

～に対(たい)して / ～に対(たい)する ▶ ～에 대해서, ～에게 / ～에 대한

접속 명사+に対して/に対する

의미 대상이나 상대방을 나타낸다.

- 自分の言動(げんどう)に対(たい)して責任(せきにん)をとるべきだ。
- 見事(みごと)なスピーチをした彼に対して、拍手(はくしゅ)が送られた。
- この店では、お客さんに対する態度(たいど)に気をつけている。

참고

～に対(たい)して ～과는 대조적으로 〈대조, 대비〉

「～に対して」는 '대조, 대비'를 나타내는 경우도 있다.

예 地方では人口(じんこう)が減(へ)り続(つづ)けているのに対して、都市部(としぶ)では人口が急速(きゅうそく)に増(ふ)えているという。
지방에서는 인구가 계속 줄어들고 있는 것과는 대조적으로, 도시지역에서는 인구가 급속히 증가하고 있다고 한다.

MEMO

025

～によって ▶ ～에 의해, ～에 따라

접속 명사＋によって

의미 다양한 용법이 있지만, 주로 '원인, 수단・방법, 차이'를 나타낸다.

- 地震(じしん)によって多くの被害(ひがい)が発生(はっせい)した。
- インターネットによって多様(たよう)な情報(じょうほう)を得ることができる。
- 国によって文化や習慣(しゅうかん)が違う。

026

～ば～ほど ▶ ～하면 ～할수록

접속 동사의 ば형＋동사의 사전형＋ほど,
い형용사의 어간＋ければ＋い형용사의 사전형＋ほど,
な형용사의 어간＋なら/であれば＋な형용사의 어간＋な/である＋ほど,
명사＋なら/であれば＋명사＋である＋ほど

의미 어느 한 쪽의 정도가 강해지면 다른 한 쪽도 정도가 강해진다는 의미를 나타낸다.

- このドラマは見れば見るほどおもしろい。
- この病気の治療(ちりょう)は早ければ早いほどいいです。
- 家電製品(かでんせいひん)の操作(そうさ)は簡単なら簡単なほどいい。

MEMO

027

～べきだ / ～べきではない ▶ ～해야 한다 / ～해서는 안 된다

접속 동사의 사전형＋べきだ/べきではない

의미 「～べきだ」는 그렇게 하는 것이 당연하다는 의미를 나타내고, 「～べきではない」는 '～해서는 안 된다(금지, 부적합)'는 의미를 나타낸다. 단, 「する」는 「するべきだ」 「すべきだ」 모두 가능하다.

- 自分の行動(こうどう)は自分で責任(せきにん)をとるべきだ。
- 約束した以上、守るべきだ。
- 子供の前で夫婦喧嘩(ふうふげんか)はするべきではない。

028

～ほど ▶ ～정도, ～만큼

접속 동사의 사전형/い형용사의 기본형＋ほど, な형용사의 어간＋な＋ほど, 명사＋ほど

의미 어떤 일의 '정도'를 강조해서 나타내며, 「くらい」로 바꿀 수 있다.

- あまりの暑さに、たおれる人もいるほどだった。
- 君の気持ちは痛いほどわかる。
- 事故(じこ)にあったときほど怖(こわ)かったことはない。

MEMO

029

～ように ▶ ～하도록

접속 동사의 명사수식형＋ように

의미 주로 어떠한 동작의 의도나 목적을 나타낸다. 이 때 「～ように」에서 「に」를 생략하여, 「～よう」로 쓰는 경우도 있다. 예를 들어 「忘れないように(잊지 않도록)」의 경우, 「忘れないよう」로 표현하기도 한다.

- 希望(きぼう)する大学に入(はい)れるように、頑張(がんば)って勉強します。
- 後ろの人にもよく見えるように、字(じ)を大きく書いた。
- 大事(だいじ)なことだから、忘れないようにメモしておこう。

030

～わりに ▶ ～에 비해서

접속 동사·い형용사의 보통형＋わりに, な형용사의 어간+な＋わりに, 명사 ＋の＋わりに

접속 역접표현의 하나이며, 그 정도가 예상과는 달라서 의외라는 내용이 따르게 된다. 「～にしては」와 거의 같은 의미이지만, 「～わりに」 쪽이 의외라는 느낌이 더 강하다.

- 彼女はよく食べるわりには、太(ふと)らない。
- この会社の製品(せいひん)は、値段(ねだん)が安い割(わり)に質(しつ)がいい。
- 彼女は年齢(ねんれい)のわりに若く見える。

21-30 연습문제 ⑦

問題　次の文の（　　　）に入れるのに最もよいものを、1・2・3・4から一つ選びなさい。

01 この番組に（　　　）ご意見やご感想をご自由にお書きください。

1 おうじる　　**2** 先立つ　　**3** 対する　　**4** すぎない

02 風邪だが、学校を休む（　　　）ひどい状態ではない。

1 とは　　**2** ほど　　**3** しか　　**4** ほか

03 製品の使い方は誰にでもわかる（　　　）、やさしい言葉で書いてあります。

1 ように　　**2** ためで　　**3** ことに　　**4** うえに

04 今回失敗したことは仕方ない（　　　）今後この経験を生かしてほしい。

1 とともに　　**2** とはともかく　　**3** としても　　**4** にともなって

05 車を買う（　　　）、今度はドイツの車にしたい。

1 ように　　**2** とすれば　　**3** について　　**4** どころか

06 勉強（　　　）、わからないことが増えてくる。

1 するにあたって　　**2** するだけあって　　**3** すればするほど　　**4** するからには

07 いくら高性能のコンピューターでも優れたソフトがなければただの箱（　　　）。

1 とはかぎらない　　**2** によらない　　**3** にすぎない　　**4** らしくない

08 新製品の売り上げ状況に（　　　）、ボーナスの額が決められる。

1 あたって　　**2** よって　　**3** かけては　　**4** つけて

09 資源が乏しいなら、省エネや再生可能なエネルギーの開発にもっと真剣に取り組む（　　　）だ。

1 べき　　**2** ため　　**3** ほど　　**4** きり

10 あのレストランは安い（　　　）おいしいですよ。

1 わりに　　**2** かわりに　　**3** だけに　　**4** かぎりに

問題　次の文の（　　　）に入れるのに最もよいものを、1・2・3・4から一つ選びなさい。

01　冬なのに、コートがいらない（　　　）暖かかった。
1 ほど　2 とおり　3 さえ　4 こそ

02　このすばらしい発見は、実は実験の失敗の結果で、単なる偶然（ぐうぜん）に（　　　）という。
1 ほかない　2 限らない　3 違いない　4 すぎない

03　もしあなたがこられない（　　　）メンバーが一人足りなくなる。
1 とともに　2 としても　3 としたら　4 というより

04　テレビの間違った報道（ほうどう）（　　　）批判（ひはん）の声が高まっている。
1 におうじて　2 にとって　3 に対して　4 にかわって

05　環境（かんきょう）問題は、自国のことだけを考えるのではなく、地球規模（きぼ）の問題として考える（　　　）。
1 せいだ　2 べきだ　3 ためだ　4 一方だ

06　関東（かんとう）地方ではところに（　　　）1時間に30ミリ近い強い雨が降っています。
1 対して　2 よって　3 とって　4 関して

07　社員からすれば、給料は（　　　）高いほどいいものだ。
1 高くて　2 高かった　3 高く　4 高ければ

08　後ろの人にも聞こえる（　　　）、大きな声で話してください。
1 ように　2 かぎりに　3 だけに　4 みたいに

09　中村（なかむら）さんはアメリカに長く住んでいたわりには、英語が（　　　）。
1 うまいとはいえない　2 うまいわけだ
3 うまいだけのことはある　4 うまくないこともない

10　短い休みなので、旅行に行く（　　　）近いところになるだろう。
1 というより　2 はともかく　3 としても　4 にともなって

21-30 연습문제 ❾

問題　次の文の（　　　）に入れるのに最も よいものを、1・2・3・4から一つ選びなさい。

01 皆様のご協力(きょうりょく)に（　　　）本大会は無事(ぶじ)終了することができました。

1 わたって　　2 とって　　3 よって　　4 かぎって

02 もし私の言ったことに失礼なことがあった（　　　）、お詫(わ)びいたします。

1 にしては　　2 につけ　　3 としたら　　4 といっては

03 入社して仕事に慣(な)れてくると、会社（　　　）不満(ふまん)が大きくなってきた。

1 にとっての　　2 にとって　　3 に対するの　　4 に対して

04 試験のことは、考えれば考える（　　　）心配になってくる。

1 より　　2 かぎり　　3 ことに　　4 ほど

05 この提案(ていあん)については、十分に考えてから結論を出す（　　　）。

1 ところだ　　2 べきだ　　3 からだ　　4 ほどだ

06 このカレーはとても辛(から)くて、体から汗(あせ)が出てくる（　　　）。

1 ほどだ　　2 べきだ　　3 ほうだ　　4 きりだ

07 祖母(そぼ)は70歳という年齢(ねんれい)の（　　　）、考え方が若い。

1 からには　　2 ほどには　　3 わりには　　4 うえには

08 生徒に、金曜日までにレポートを（　　　）伝えてください。

1 出すべき　　2 出すまい　　3 出すよう　　4 出そう

09 今の給料では、自分の家を持つことはかなりむずかしい。家を買える（　　　）、それは通勤に不便な場所になるだろう。

1 としたら　　2 としても　　3 のだから　　4 につれて

10 フランス語ができるといっても、簡単な会話ができる（　　　）。

1 どころではありません　　2 にちがいありません

3 にほかなりません　　4 にすぎません

총정리문제 ①

問題 1　次の文の（　　　）に入れるのに最もよいものを、1・2・3・4から一つ選びなさい。

1　給料をもらっている（　　　）、それだけの仕事をしなければならない。

1 しだい　　2 以来　　3 ものの　　4 以上

2　この作品はとてもすばらしくて、見れば（　　　）ほど感心してしまう。

1 見た　　2 見て　　3 見る　　4 見よう

3　両親が元気な（　　　）、いろいろなところに連れて行ってあげたい。

1 うえに　　2 うちに　　3 なかに　　4 まえに

4　彼はアルバイトで疲れるのか、最近学校を（　　　）。

1 休みそうだ　　2 休むせいだ　　3 休みがちだ　　4 休むべきだ

5　A「夏休み、あしたで終わりだね。」
B「そうだね。あと一週間（　　　）は休みたいよね。」

1 とき　　2 つもり　　3 ぐらい　　4 以来

6　お母さんの病気はすぐによくなるから、あなたは何も心配する（　　　）。

1 ことはない　　2 こともある　　3 ことだろう　　4 ことである

7　今回の事故の責任は明らかにこちら側にあるのだから、（　　　）と思う。

1 謝るしかない　　2 謝ることはない
3 謝るべきではない　　4 謝るまい

8　鈴木は出かけておりますので、（　　　）しだいご連絡をさしあげます。

1 戻って　　2 戻った　　3 戻る　　4 戻り

9 数年ぶりに親友に会えた喜びは言葉では言い表せない（　　　）だった。

1 はず　　2 あまり　　3 ほど　　4 だけ

10 電車の中で音楽を聞くときは、イヤホンを使い、周りの方のご迷惑にならない（　　　）ご利用ください。

1 ことには　　2 ように　　3 からには　　4 たびに

11 テストを受ける（　　　）、まだまだ勉強が足りないと反省する。

1 とおりに　　2 たびに　　3 ばかりに　　4 からには

12 長時間の話し合い（　　　）、やっと結論が出た。

1 の末に　　2 でさえ　　3 ぬきでは　　4 ばかりか

13 明日出発する（　　　）、今から準備しなければならない。

1 としたら　　2 につけ　　3 にとって　　4 たびに

14 その法律の改正に賛成しているのは、国民のわずか5％に（　　　）。

1 限らない　　2 ほかならない　　3 すぎない　　4 いられない

15 授業の進め方は、クラスに（　　　）違います。

1 対して　　2 ついて　　3 よって　　4 とって

16 山田さんは3か国語が話せる（　　　）、すぐにいい仕事が見つかったそうだ。

1 かぎり　　2 せいで　　3 きっかけで　　4 おかげで

17 また同じ間違いをするとは、注意が足りなかったと（　　　）。

1 言うわけがない　　2 言う一方だ

3 言わざるをえない　　4 言いっこない

18 私がちょっと機械を調べた（　　　）、特に異常は見つからなかった。

1 限りでは　　2 次第では　　3 うえでは　　4 一方では

19 何も知らなかったとしても、責任者である以上、社長はこの事件に関して責任を（　　　）。

1 とることはない　2 とるべきだ　3 とるにすぎない　4 とるまい

20 さすが教師を15年以上続けているだけあって、田中(たなか)先生は（　　　）。

1 もっと努力(どりょく)すべきだと思う　2 指導(しどう)経験が少ないそうだ

3 教え方がうまいと思う　4 海外出張が多いという

問題2　次の文の ＿★＿ に入る最もよいものを、1・2・3・4から一つ選びなさい。

21 この大学の入学試験は難しく、1次試験から2次試験へ ＿＿＿ ＿＿＿ ＿★＿ ＿＿＿ にすぎないという。

1 20%　2 進める　3 受験者のうち　4 のは

22 お年寄(としよ)りが使う ＿＿＿ ＿★＿ ＿＿＿ ＿＿＿ いいだろう。

1 ほど　2 ケイタイは　3 簡単な　4 簡単なら

23 先生が ＿＿＿ ＿★＿ ＿＿＿ ＿＿＿ 合格できますよ。

1 言った　2 勉強すれば　3 試験に　4 とおりに

24 寝る前に読むには短篇(たんぺん)小説のほうが良い。長編(ちょうへん)だと最後まで ＿＿＿ ＿＿＿ ＿★＿ ＿＿＿ からだ。

1 恐れがある　2 読みたくなり　3 遅刻する　4 寝不足(ねぶそく)になったり

25 中村(なかむら)さんはさすが ＿＿＿ ＿＿＿ ＿★＿ ＿＿＿ のが上手だ。

1 人気漫画家　2 だけあって　3 描く　4 人の表情を

26 仕事が忙しくなり、旅行にいけなくなった。楽しみに ＿＿＿ ＿＿＿ ＿★＿ ＿＿＿ いっぱいである。

1 あきらめきれない　　2 していた

3 旅行なので　　4 気持ちで

27 彼は、海外出張で現地(げんち)を ＿＿＿ ＿★＿ ＿＿＿ ＿＿＿ 分かっていないようだ。

1 わりに　　2 何も　　3 何度も　　4 訪問している

28 討論(とうろん)をするときは、その場の雰囲気に流されず、＿＿＿ ＿★＿ ＿＿＿ ＿＿＿ しなければならないと思う。

1 はっきり言う　　2 言いたい　　3 ことを　　4 ように

29 仕事などが忙しくなると、外食やコンビニ弁当 ＿＿＿ ＿＿＿ ＿★＿ ＿＿＿ 悪くなりがちだ。

1 バランスが　　2 などに　　3 栄養(えいよう)の　　4 頼って

30 社員 ＿＿＿ ＿★＿ ＿＿＿ ＿＿＿ に従(したが)わなければならない。

1 方針　　2 限りは　　3 会社の規則(きそく)や　　4 である

31 雨が ＿＿＿ ＿＿＿ ＿★＿ ＿＿＿ と思ったら、雨がパラパラと落ちてきた。

1 買い物に　　2 降らない　　3 行こう　　4 うちに

32 この手術(しゅじゅつ)は非常に危険で、＿＿＿ ＿★＿ ＿＿＿ ＿＿＿ 前と同じように生活できるかどうか分からない。

1 しても　　2 手術に成功　　3 したと　　4 もし

33 南部(なんぶ)地方では大雨が続いている ＿＿＿ ＿★＿ ＿＿＿ ＿＿＿ 降らない。

1 対して　　2 雨らしい雨も　　3 のに　　4 中部(ちゅうぶ)地方では

34 同じ材料を ＿＿＿＿ ＿＿★＿＿ ＿＿＿＿ ＿＿＿＿ 味がぜんぜん違うこともある。

1 作る人や　　2 使っても　　3 料理の仕方に　　4 よっては

35 最近忙しくて生活のバランスが崩(くず)れつつある。このままだ ＿＿＿＿ ＿＿＿＿ ＿＿★＿＿ ＿＿＿＿ しっかり睡眠(すいみん)をとったほうがいいだろう。

1 から　　2 体を　　3 壊(こわ)しかねない　　4 と

36 社員旅行の詳しい内容や日程(にってい)は未定(みてい)ですが、＿＿＿＿ ＿＿★＿＿ ＿＿＿＿ ＿＿＿＿ いただきます。

1 次第　　2 させて　　3 ご連絡　　4 決まり

37 今の私の実力では希望(きぼう)する ＿＿＿＿ ＿＿＿＿ ＿＿★＿＿ ＿＿＿＿ 受験(じゅけん)するしかない。

1 大学に　　2 別の大学を　　3 合格するのは　　4 無理なので

38 わざわざ大きな借金(しゃっきん)を ＿＿＿＿ ＿＿★＿＿ ＿＿＿＿ ＿＿＿＿ ないでしょう。

1 ことは　　2 抱(かか)えてまで　　3 買う　　4 家を

39 たとえ失敗した ＿＿＿＿ ＿＿＿＿ ＿＿★＿＿ ＿＿＿＿ いつか夢は実現できるものだ。

1 限り　　2 希望(きぼう)を　　3 としても　　4 失わない

40 昼間(ひるま)、＿＿＿＿ ＿＿＿＿ ＿＿★＿＿ ＿＿＿＿ 花屋さんに立(た)ち寄(よ)り、気に入った花を買ってきた。

1 出かけた　　2 出しに　　3 手紙を　　4 ついでに

問題３　次の文章を読んで、文章全体の内容を考えて、［41］から［50］の中に入る最もよいものを１・２・３・４から一つ選びなさい。

コンビニのチェーン本部や警察などでは、防犯(ぼうはん)対策のため、深夜は二人で勤務する［41］指導しています。しかし、そのための人件費はそれぞれの店が負担(ふたん)しなければならず、その負担にたえられない店も少なくないのです。

夜勤の店員に一晩(ひとばん)一万円ぐらいの金を払う［42］、二人なら二万円を支出することになります。でも、オーナーが一人で勤務すれば、これがゼロになるのです。深夜の二人勤務体制がなかなか進まない背景には、どうしても［43］現実があります。

［41］

1 ために　　2 だけに　　3 ように　　4 うちに

［42］

1 というより　　2 とすると　　3 といっては　　4 とともに

［43］

1 深夜のアルバイトをしようとしない
2 安全を一番に考えるべきだという
3 利益が増大する可能性があるという
4 安全より利益を優先せざるをえない

近年、パソコンや携帯電話の普及で、手書きで文章を書く機会が減った。友人と電子メールでやりとりしたり、会社や学校に提出する企画書やレポートはパソコンで作成したりと、手書きで文章を書く機会は少なくなる [44] 。これからは漢字を正しく使えなくても、パソコンさえ駆使できれば、問題ないのかもしれない。

だからといって、「書く」という行為を重視しないと、漢字という文化を失う [45] と思う。

[44]

1 以上だ　　2 代わりだ　　3 一方だ　　4 はずがない

[45]

1 べきである　　2 おそれがある

3 ことはない　　4 はずがない

高校３年生の秋に友人関係のトラブルを起こした。受験生にとってもっとも大事な時期に、頭の中はそのことばかりで勉強にまったく集中できなかった。

準備不足で迎えた受験では、国語で大失敗した。集中力不足の半(はん)ぱな姿勢で受かる［46］受験は甘くなかった。

やむをえず浪人(ろうにん)が決定し、予備校に［47］。勉強をしなければならないことはわかっていても、勉強に集中できなかった。そんなとき、励(はげ)まし、［48］ような友達ができ、勉強に集中することができた。

46

1 さえ　　2 ほど　　3 ばかり　　4 とおり

47

1 通うことはなかった　　2 通うわけにはいかなかった

3 通うわけがなかった　　4 通うしかなかった

48

1 支えてやる　　2 支えてくれる

3 支えさせられる　　4 支えさせる

鉄道会社は、夏休みなどにイベントとして、人気キャラクターなどのスタンプを各駅に設置する。私も小学生のころ、夢中になってスタンプを集めたものだ。

最近、この「スタンプラリー」に参加している親子の中で、マナーの悪い子どもたちを見かけることが多くなった。

お年寄りが乗ってきても、優先席に座ったままで、席を譲らない親子を見たこともある。車内を走り回る子どももいて、事故に［49］。このような機会にこそ、保護者は公共交通機関でのマナーやルールを教え、実践する［50］だろう。

鉄道会社も、利用者が増えることを期待するだけでなく、子どもたちに対するマナーやルールの指導にも力を入れるべきではないだろうか。

［49］

1 つながりかねない　2 つながるどころではない

3 つながることはない　4 つながりきれない

［50］

1 ため　2 よう　3 べき　4 はず

PART2

학습 우선도로 나눈 **N2 능시문법**

031-060

031 **～あまり** ~한 나머지

032 **～上(うえ)で** ~하고 나서, ~한 후에

033 **～上(うえ)に** ~한 데다가

034 **～かねる** ~하기 어렵다, ~할 수 없다

035 **～かのようだ** 마치 ~인 것 같다

036 **～から～にかけて** ~부터 ~에 걸쳐

037 **～からには** ~한 이상에는

038 **～きり** ~한 채

039 **～ことだ** ~해야 한다, ~하는 것이 좋다

040 **～ことだから** ~이니까

041 **～さえ** ~조차

042 **～さえ～ば** ~만 ~하면

043 **～次第(しだい)だ / ～次第(しだい)で**
~나름이다, ~에 달려 있다 / ~에 따라서

044 **～ずにはいられない** ~하지 않을 수 없다

045 **～たとたん(に)** ~한 순간, ~하자마자

046 **～てたまらない** ~해서 견딜 수 없다, 너무 ~하다

047 **～ということだ** ~라는 것이다, ~라고 한다

048 **～といった** ~와 같은

049 **～ところに・～ところへ / ～ところを**
~하는 상황(때)에 / ~하는 상황을

050 **～ないことはない / ～ないこともない**
~못할 것은 없다 / ~못할 것도 없다

051 **～ながら** ~하지만

052 **～にかけては** ~에 관한 한, ~에 있어서는

053 **～にきまっている** 반드시 ~하게 되어 있다

054 **～にしては** ~치고는

055 **～にほかならない** ~임에 다름없다, 다름아닌 ~이다

056 **～わけがない** ~할 리가 없다

057 **～わけではない** (반드시) ~하는 것은 아니다

058 **～わけにはいかない** ~할 수는 없다

059 **～を問(と)わず** ~을 불문하고

060 **～をめぐって** ~을 둘러싸고

MEMO

031

～あまり ▶ ~한 나머지

접속 동사·い형용사·な형용사의 명사수식형＋あまり, 명사＋の＋あまり

의미 그 정도가 매우 심하다는 강조표현이다.

- 発表のとき、緊張(きんちょう)したあまりスピーチの内容を忘れてしまった。
- 彼女は合格(ごうかく)の知らせを受け、うれしいあまり涙(なみだ)を流した。
- 暑さのあまり食欲(しょくよく)も落(お)ちてしまった。

032

～上(うえ)で ▶ ~하고 나서, ~한 후에

접속 동사의 た형＋うえで, 명사＋の＋うえで

의미 순서를 나타내는 표현이다. 「동사의 た형＋あとで」보다 딱딱한 표현이다.

- 実際の商品(しょうひん)を見たうえで、買うかどうかを決めます。
- 十分準備(じゅんび)運動をした上(うえ)で、泳(およ)いでください。
- 結果は審査(しんさ)のうえで、お知らせします。

참고

「동사의 사전형＋うえで」의 형태로 사용하는 경우, 「～うえで」는 '~하는 경우에, ~하는 데 있어서'의 의미를 지닌다.

예 辞書(じしょ)は語学(ごがく)を学習(がくしゅう)するうえで欠(か)かせないものだ。
사전은 어학을 학습하는 경우에(학습하는 데 있어서), 필수적인 것이다.

レポートを作成(さくせい)するうえで以下(いか)の点に注意(ちゅうい)してください。
보고서를 작성하는 경우에(작성하는 데 있어서) 다음 사항에 주의해 주세요.

MEMO

033

~上に ▶ ~한 데다가

접속 동사의 보통형/い형용사의 기본형+上に, な형용사의 어간+な+上に, 명사+の+上に

의미 그것 뿐 아니라 다른 것도 더 있다는 '추가, 첨가'의 의미를 나타낸다.

- 田中君は勉強もできる上に、性格もいい。
- 日本の夏は、気温が高い上に湿度も高い。
- この辺は交通が便利な上に、商店街も近いので住みやすい。

034

~かねる ▶ ~하기 어렵다, ~할 수 없다

접속 동사의 ます형+かねる

의미 '사정이 있어서 그렇게 하기 곤란하다', '그렇게 하는 것이 불가능하다'는 의미를 나타낸다. 주로 곤란한 내용에 대하여 정중하게 거절하거나 부정하는 경우에 사용한다.

- 彼の意見には賛成しかねます。
- 彼のやっていることはどうも理解しかねる。
- 申し訳ございませんが、予約がいっぱいですのでご希望に応じかねます。

MEMO

035

～かのようだ ▶ 마치 ~인 것 같다

접속 동사·い형용사의 보통형＋かのようだ,
な형용사의 어간·명사＋である＋かのようだ

의미 실제로는 그렇지 않지만 마치 그러한 듯한 느낌이 든다는 의미를 나타낸다.

- 今日はまるで冬に戻(もど)ったかのような寒い一日だった。
- もう二週間も残業続(ざんぎょうつづ)きなのに、彼は疲れを知らないかのように、まだ平気(へいき)だ。
- ただの風邪(かぜ)なのに、まるで重い病気であるかのように大(おお)げさに騒(さわ)いでいる。

036

～から～にかけて ▶ ~부터 ~에 걸쳐

접속 명사＋から＋명사＋にかけて

의미 시간이나 공간적인 범위를 대략적으로 나타내는 표현이다.

- おとといから今日にかけて雨が降り続いている。
- この国の大学では5月から6月にかけて卒業式(そつぎょうしき)が行われる。
- 昨夜、関東(かんとう)地方から東北(とうほく)地方にかけて強い地震(じしん)がありました。

MEMO

037

～からには ▶ ～한 이상에는

접속 동사·い형용사의 보통형＋からには, な형용사의 어간·명사＋である＋からには

의미 어떠한 사정이 있어서 '당연히 그렇게 해야 한다, 그렇게 하겠다'는 강한 의지나 판단을 나타낸다.

- 行くと言ったからには行くしかない。
- 日本に来たからには、日本のルールに従(したが)うべきだ。
- プロであるからには、仕事は責任(せきにん)をもってするべきだ。

038

～きり ▶ ～한 채

접속 동사의 た형＋きり

의미 어떤 동작이 이루어진 이후에 계속 그 상태가 유지된다는 의미를 표현한다.

- 島田(しまだ)さんとは卒業した翌年(よくとし)に一度会ったきりだ。
- 息子(むすこ)は朝早く出ていったきり、まだ帰ってこない。
- 彼は私の本を持っていったきり返(かえ)してくれない。

MEMO

039

～ことだ ▶ ～해야 한다, ～하는 것이 좋다

접속 동사의 사전형＋ことだ

의미 어떠한 일에 대해서, 그것이 중요하다고 충고하거나 권유할 때 사용한다.

- できるかどうかまずはやってみることだ。
- お金がほしいなら、一生懸命働(はたら)くことだ。
- 車に乗るならお酒は飲まないことだ。

040

～ことだから ▶ ～이니까

접속 명사＋の＋ことだから

의미 주로 사람의 성격이나 특징을 근거로 제시하는 표현이다. '그러한 성격이라서 아마도 ～할 것이다'의 형태로 쓰이는 경우가 많다.

- 優(やさ)しい彼女のことだから、手伝(てつだ)ってくれると思う。
- まじめな彼のことだから、きっといい仕事をするだろう。
- きびしい山田先生のことだから、冬休(ふゆやす)みには宿題(しゅくだい)をたくさん出すだろう。

31-40 연습문제 ⑩

問題　次の文の（　　　）に入れるのに最もよいものを、1・2・3・4から一つ選びなさい。

01　時間に正確(せいかく)な彼のこと（　　　）、時間どおりに来るに違いない。

1 だとしても　　2 といっても　　3 なのに　　4 だから

02　彼は、まるでお酒でも飲んだ（　　　）赤い顔をしている。

1 のも当然で　　2 ばかりで　　3 にあたって　　4 かのような

03　このアルバイトは時給(じきゅう)が高い（　　　）家から近いのでありがたい。

1 せいで　　2 うえに　　3 おかげで　　4 あまり

04　その件につきましては、私では（　　　）かねますので、係(かかり)の者が戻りましたらご連絡させます。

1 わかる　　2 わかり　　3 わかろう　　4 わかって

05　ピアノは子供の頃習った（　　　）から、この曲を弾(ひ)けるかどうか自信がない。

1 きりだ　　2 せいだ　　3 最中だ　　4 ばかりだ

06　昨年から今年（　　　）インフルエンザが大流行(だいりゅうこう)した。

1 に比べて　　2 に関して　　3 にかけて　　4 に対して

07　テストの結果を気にする（　　　）、夜もぐっすり眠れなくなってしまった。

1 おかげで　　2 くせに　　3 あまり　　4 ばかり

08　引(ひ)っ越(こ)しのことは、家族とよく（　　　）うえで、ご返事いたします。

1 相談する　　2 相談した　　3 相談してみる　　4 相談しない

09　試合(しあい)に出る（　　　）きちんと練習して準備を整(ととの)えておかなければならない。

1 からなると　　2 からすると　　3 からには　　4 からといって

10　環境(かんきょう)のことを考えるなら、まず電気や水の無駄(むだ)づかいをやめる（　　　）。

1 ことだ　　2 からだ　　3 ほどだ　　4 せいだ

31-40 연습문제 ⑪

問題　次の文の（　　　）に入れるのに最もよいものを、1・2・3・4から一つ選びなさい。

01 書類は、必要事項をご記入の（　　　）、ご返送ください。

1 あげく　　2 あまり　　3 うえで　　4 しだい

02 機械のトラブルの原因についてメーカーから説明を受けたが、私はどうも納得（　　　）。

1 しかかる　　2 しきれる　　3 しかねる　　4 したがる

03 ここの仕事は危険な（　　　）、給料も安いのでやりたがる人があまりいない。

1 あげく　　2 あまり　　3 うえに　　4 だけあって

04 彼女は、私が呼んでもまるで聞こえない（　　　）ように何の反応もしなかった。

1 とは　　2 かの　　3 とか　　4 もの

05 親友の突然の死を知らされて、悲しみの（　　　）、寝込んでしまった。

1 あまり　　2 だけに　　3 かわりに　　4 おかげで

06 みんなで決めた（　　　）、この目標を大事にしていきましょう。

1 からには　　2 からといって　　3 からいうと　　4 からして

07 お薬とお酒はいっしょに飲まない（　　　）です。副作用が出ることもありますから。

1 あまり　　2 すえ　　3 こと　　4 一方

08 まじめな田中君（　　　）、会社に入っても一生懸命仕事をするだろう。

1 からみれば　　2 のことでも　　3 からみても　　4 のことだから

09 朝ジュースを一杯飲んだ（　　　）、何も食べていない。

1 さえ　　2 しか　　3 きり　　4 ほど

10 関東地方は、昼前から夕方に（　　　）、にわか雨が降るところもあるでしょう。

1 そって　　2 かけて　　3 わたって　　4 通して

연습문제 ⑫

問題　次の文の（　　　）に入れるのに最もよいものを、1・2・3・4から一つ選びなさい。

01　上手になりたければ、きちんと練習を続ける（　　　）。
1 おかげだ　2 ことだ　3 ためだ　4 ほどだ

02　スポーツなら何でもやる山田さん（　　　）、きっと水泳(すいえい)も上手でしょう。
1 を問わず　2 はもとより　3 によって　4 のことだから

03　目の前に広がる景色はとてもすばらしく、まるで夢を見ている（　　　）。
1 かのようだった　2 ほどだった　3 ままだった　4 にすぎなかった

04　豆腐(とうふ)は栄養がある（　　　）安いし、カロリーも低いのでダイエットにいい。
1 うちに　2 うえに　3 ほどに　4 ために

05　日本に留学に来た（　　　）、一度は日本の企業で働いて、経験を積(つ)みたいと思う。
1 うえには　2 からには　3 ためには　4 わけには

06　今回のクラス会はしっかりと計画を立てた（　　　）、実行したほうがよい。
1 最後　2 あげく　3 あまり　4 うえで

07　寝坊(ねぼう)をしてあわてた（　　　）、財布を忘れてきた。
1 かわりに　2 ことに　3 あまり　4 うえで

08　性能がいいといくら宣伝(せんでん)しても、やはり実際の商品を見てからでないと、簡単には（　　　）。
1 信じかねる　2 信じざるをえない　3 信じるしかない　4 信じるべきだ

09　彼は去年、だれにも言わずアメリカへ行った（　　　）、何の連絡もない。
1 あまり　2 きり　3 せい　4 すえ

10　日本では、6月から7月（　　　）梅雨(つゆ)の時期があり、雨の日が多い。
1 にかけて　2 にとって　3 にわたって　4 にそって

MEMO

041

～さえ ▶ ～조차

접속 명사+さえ

의미 극단적인 사항을 예로 제시하여 다른 것도 그럴거라고 추측하게 할 때 사용한다.

- 仕事が忙しくて、食事をする時間さえない。
- ひどく疲れて、立っていることさえできない。
- 事故で子供を失(うしな)った彼女は生(い)きる希望(きぼう)さえなくしてしまった。

참고

1. **～さえ와 ～でさえ의 구분**

「～さえ」는 「～も」를 강조한 표현이다. 따라서 「～にも(～에게도)」는 「～にさえ」로, 「～でも(～일지라도)」는 「～でさえ」로 각각 강조할 수 있다.

2. **～さえ와 ～すら**

「～すら」는 「～さえ」보다 딱딱한 느낌을 나타내는 문장에서 주로 사용하는 표현으로 이해하면 된다.

예 重い病気(びょうき)で、一人では食事すらできない。
병이 위중해서, 혼자서는 식사조차 할 수 없다.

042

～さえ～ば ▶ ～만 ～하면

접속 명사+さえ+[동사·い형용사·な형용사의 ば형],
동사의 ます형+さえ+すれば

의미 제시된 조건만 갖추어지면, 뒷문장의 조건이 성립한다는 의미를 나타낸다.

- あなたさえよければ、私はそれでいいです。
- 時間さえあれば、そのコンサートに行けるのに。
- 熱(ねつ)が下(さ)がりさえすれば、もう大丈夫です。

MEMO

043

～次第だ / ～次第で ▶ ～나름이다, ～에 달려 있다 / ～에 따라서

접속 명사+次第だ/次第で

의미 「次第」의 앞에 오는 '표현'에 의해서 어떤 일이 결정된다는 의미를 나타낸다. 「～次第だ」는 문장 끝에 위치하여 어떤 일을 결정하는 가장 중요한 요소를 단정적으로 나타낸다. '～나름이다', '～에 달려 있다'로 해석한다. 「～次第で」는 문장의 앞 부분에 위치하여, 그것이 가장 중요한 요인이 되어 뒷문장의 내용을 결정한다는 의미를 나타낸다. '～에 따라서'로 해석하는 것이 자연스럽다.

- 勝負はその日の体調次第だ。
- 合格できるかどうかは本人の努力次第だ。
- 付き合う友だち次第で、人生が変わることもある。

참고

동사의 ます형＋次第 ～하면 바로, ～하는 대로

어떤 일이 끝나면 바로 다른 일을 한다는 의미를 표현한다.

예 会議のスケジュールが決まり次第、お知らせします。
회의 일정이 정해지는 대로 알려 드리겠습니다.

044

～ずにはいられない ▶ ～하지 않을 수 없다

접속 동사의 ない형+ずにはいられない

의미 '참지 못하고, 자연스럽게 어떤 행동을 해버렸다'는 상황을 설명하려는 의도를 나타내며, '～하지 않을 수 없다, ～하지 않고는 못 배기다'로 해석된다. 「する」의 경우 「せずにはいられない」가 된다.

- 心優しい彼女は困っている人を見たら、助けずにはいられない。
- 私は甘いものが大好きで、甘いものを見ると、手を出さずにはいられない。
- ストレスを感じた日にはお酒を飲まずにはいられない。

MEMO

045

～たとたん(に) ▶ ～한 순간, ～하자마자

접속 동사의 た형＋とたん(に)

의미 어떤 일이 이루어지자마자 다른 일이 갑자기 발생할 때 사용한다.

- 母親(ははおや)の顔を見たとたん、子供は泣き出した。
- 急(きゅう)に立ち上がったとたん、めまいがした。
- 玄関(げんかん)のかぎを閉(し)めたとたんに、中で電話が鳴(な)りはじめた。

046

～てたまらない ▶ ～해서 견딜 수 없다, 너무 ～하다

접속 동사･い형용사･な형용사의 て형＋たまらない

의미 감각이나 감정을 나타내는 말과 함께 사용되며, 그러한 느낌을 참을 수 없다는 의미를 나타낸다.

- 暑いので、のどが渇(かわ)いてたまらない。
- かぜ薬(ぐすり)のせいか、眠くてたまりません。
- 母の病気が心配(しんぱい)でたまらない。

MEMO

047

~ということだ ▶ ~라는 것이다, ~라고 한다

접속 동사·い형용사·な형용사·명사의 보통형 +ということだ

의미 전해 들은 내용을 그대로 인용하는 전달, 전문의 의미를 나타낸다.

- ニュースによると、バス代(だい)があがるということだ。
- この病気の治療(ちりょう)はなかなか難しいということだ。
- 友だちから手紙(てがみ)が来たが、元気だということだ。

참고

~とのことだ ~라는 것이다

「~とのことだ」는 「~ということだ」와 동일한 의미지만 보다 딱딱한 느낌을 준다.

예 この病気の治療はなかなか難しいということだ。

＝この病気の治療はなかなか難しいとのことだ。

이 병의 치료는 상당히 어렵다는 것이다.

048

~といった ▶ ~와 같은

접속 명사+といった (주로 「명사+といった+명사」의 형태로 사용)

의미 어느 특정한 영역 내의 대표적인 예를 제시하는 표현이다. 「~など」「~のような」와 비슷한 의미를 나타낸다.

- 今回のセールではテレビや洗濯機(せんたくき)といったものが安い。
- この店は食器(しょっき)やタオルといったさまざまな日用品(にちようひん)を扱(あつか)っている。
- たんぱく質(しつ)の多い食べ物というと、肉(にく)や魚や大豆(だいず)といったものが思い浮かぶ。

MEMO

049

~ところに・~ところへ / ~ところを

▶ ~하는 상황(때)에 / ~하는 상황을

접속 동사의 명사 접속형/い형용사의 기본형+ところに・ところへ/ところを

의미 어떤 일이 이루어지는 '상황(시간・장소・상태 등)'을 나타낸다. 「~ところ」에 붙는 「に/へ/を」는 뒷문장에 오는 동사에 따라서 달라진다.

- テストの準備(じゅんび)で忙しいところに、友だちが遊びにきた。
- お花見(はなみ)に出かけようとしていたところへ、雨が降ってきた。
- あくびをしたところを写真(しゃしん)にとられた。

050

~ないことはない / ~ないこともない

▶ ~못할 것은 없다 / ~못할 것도 없다

접속 동사의 ない형+ないことはない/ないこともない

의미 그렇게 할 수 있다는 부분적인 가능성을 나타낸다.

- 魚(さかな)は食べないことはないのだが、あまり好きではない。
- これぐらいの問題なら解(と)けないこともない。
- やって出来(でき)ないこともないのだが、できればやりたくない。

연습문제 ⑬

問題　次の文の（　　）に入れるのに最もよいものを、1・2・3・4から一つ選びなさい。

01 出かけようとしている（　　）電話がかかってきた。

1 だけで　2 どころか　3 ばかりか　4 ところへ

02 希望(きぼう)の大学に合格できるとは、私自身（　　）信じられなかった。

1 なら　2 だから　3 でさえ　4 だけが

03 電車のドアが（　　）とたんに、中に傘(かさ)を忘れたことを思い出した。

1 閉まる　2 閉まり　3 閉まった　4 閉まって

04 車で迎(むか)えにきてくれるのなら、パーティーに（　　）こともない。

1 出かける　2 出かけない　3 出かけ　4 出かけよう

05 子供が遊んでばかりいると、「勉強しなさい」と（　　）。

1 言わずにはいられない　2 言うわけにはいかない

3 言ってはいられない　4 言わないに違いない

06 彼は、暇(ひま)（　　）あれば映画を見に行く。

1 しか　2 さえ　3 より　4 ばかり

07 天気予報(よほう)によると、明日は雨が降る（　　）だ。

1 ということ　2 というばかり　3 というほど　4 というもの

08 この店ではインド料理やタイ料理（　　）海外の料理の材料が買える。

1 とする　2 とすると　3 といった　4 といったら

09 言葉(ことば)の使い方（　　）相手の対応(たいおう)も違ってくるものだ。

1 ほどで　2 一方で　3 せいで　4 次第で

10 みんなの前でミスを指摘(してき)されて、（　　）。

1 恥ずかしいことはなかった　2 恥ずかしくてたまらなかった

3 恥ずかしいはずがなかった　4 恥ずかしくていけなかった

問題　次の文の（　　　）に入れるのに最もよいものを、1・2・3・4から一つ選びなさい。

01　何年も国を離（はな）れていると、両親に（　　　）。

1 会いたいものか　　2 会ってはいられない

3 会うわけがない　　4 会いたくてたまらない

02　彼は結婚のことを親友に（　　　）知らせていない。

1 だけ　　2 さえ　　3 ほか　　4 こそ

03　今回の決定（けってい）に反対するあなたの気持ちが分からない（　　　）もない。

1 ほう　　2 もの　　3 こと　　4 だけ

04　授業が始まった（　　　）に、木村（きむら）君が遅れて入ってきた。

1 わけ　　2 もの　　3 ほど　　4 ところ

05　あんなにひどいことを言われたら、だれでも怒らず（　　　）いられないだろう。

1 とも　　2 では　　3 には　　4 のを

06　発表によると、市長選（せん）の投票率（とうひょうりつ）は52%だったと（　　　）。

1 いうことだ　　2 いうものだ　　3 いったことだ　　4 いったものだ

07　漢字（かんじ）（　　　）読めれば、日本語はそんなに難しくないと思う。

1 さえ　　2 ほど　　3 より　　4 とは

08　出かけようと思って家を（　　　）とたんに、雨が降ってきた。

1 出る　　2 出て　　3 出た　　4 出よう

09　市立スポーツセンターにはジム、プール、テニスコート（　　　）施設（しせつ）があり、本格的にスポーツを楽しむことができます。

1 といえば　　2 といった　　3 とする　　4 としても

10　あなたの考え方（　　　）悩（なや）みは深くもなり軽くもなるわけです。

1 せいで　　2 しだいで　　3 だらけで　　4 ながら

41-50 연습문제 ⑮

問題　次の文の（　　　）に入れるのに最もよいものを、1・2・3・4から一つ選びなさい。

01　彼女は、問題用紙を開いた（　　　）、頭の中が真っ白になった。

1 ままに　　2 ばかりに　　3 とたんに　　4 うちに

02　彼は生まれたばかりの娘がかわいくて（　　　）らしい。

1 ほかない　　2 かねない　　3 ようもない　　4 たまらない

03　このスポーツクラブにはヨガやエアロビクス（　　　）様々なコースがある。

1 といった　　2 といったら　　3 とする　　4 とすると

04　こっそりタバコを吸っている（　　　）、妹に見られてしまった。

1 ように　　2 ところを　　3 とたん　　4 ばかりに

05　親友が突然入院したと聞いて、私は心配で病院に（　　　）。

1 行くどころではなかった　　2 行くかのようだった

3 行くにすぎなかった　　4 行かずにはいられなかった

06　時間さえ（　　　）、もっといろいろ見物できたのに。

1 あれば　　2 なれば　　3 すれば　　4 いれば

07　手術するかどうかが決まるのは、検査の結果（　　　）。

1 次第だ　　2 がちだ　　3 ぎみだ　　4 ほどだ

08　経済専門家の予想によると、円高の傾向はこれからも続く（　　　）。

1 となることだ　　2 とならなくなる　　3 とさせている　　4 ということだ

09　最初は水が怖くてプールに入ること（　　　）できなかったが、今ではかなり泳げるようになった。

1 さえ　　2 しか　　3 だけ　　4 のみ

10　今から急いで家を出れば、集合時間に（　　　）。

1 間に合うものではない　　2 間に合うわけがない

3 間に合いそうもない　　4 間に合わないこともない

MEMO

051

～ながら ▶ ～하지만〈역접〉

접속 동사의 ます형/い형용사의 기본형/な형용사의 어간・명사＋ながら

의미 '～인데도 불구하고, ～하지만'과 같은 역접의 의미를 나타낸다.

- 彼はすべてを知っていながら何も言わなかった。
- お金をためて、小さいながら、自分の家を持つことができた。
- あの子はごく普通(ふつう)の小学生ながら、ゴルフについての知識(ちしき)はプロ級(きゅう)である。

052

～にかけては ▶ ～에 관한 한, ～에 있어서는

접속 명사＋にかけては

의미 「～にかけては」 앞에 오는 분야에 대하여 특별히 강조하는 용법이다. 뒤에는 '우수하다, 최고다'와 같은 자랑이나 칭찬의 의미를 나타내는 문형이 온다.

- 数学にかけては、彼女はクラスで一番だ。
- 車の運転(うんてん)にかけてはかなりの自信がある。
- パソコン作業(さぎょう)にかけてはだれにも負(ま)けない。

MEMO

053

～にきまっている ▶ (반드시) ～하게 되어 있다, ～임에 틀림없다

접속 동사·い형용사·な형용사·명사의 보통형＋にきまっている
(다만, 명사와 な형용사에 だ는 붙지 않는다)

의미 어떠한 이유로 반드시, 그리고 당연히 그렇게 될 것이라고 확신하는 경우에 사용한다.

・いっしょうけんめい勉強したのだから、合格(ごうかく)するにきまっている。

・一歩(いっぽ)も外に出ないで生活していくことなんて無理にきまっている。

・こんないたずらをしたのは、あの子にきまっている。

054

～にしては ▶ ～치고는

접속 동사·い형용사·な형용사·명사의 보통형＋にしては
(다만, 명사와 な형용사에 だ는 붙지 않는다)

의미 당연하다고 예상되는 내용과는 달리, 뜻밖의 내용이 올 때 사용한다.

・遊園地(ゆうえんち)は、平日(へいじつ)にしては、ずいぶん込(こ)んでいた。

・勉強のできる彼女にしてはあまりいい点数(てんすう)ではなかった。

・花子(はなこ)さんは女性にしては背(せ)が高い。

MEMO

055

～にほかならない ▶ ～임에 다름없다, 다름아닌 ～이다

접속 명사＋にほかならない

의미 '바로 그것이다, 그 이외의 그 무엇도 아니다'라는 의미를 나타낸다. 「～にほかならない」 앞에 오는 내용을 단정적으로 묘사하여 강조하는 표현이다.

- 彼が成功したのは、努力(どりょく)の結果にほかならない。
- この計算(けいさん)の間違(まちが)いの原因は、入力(にゅうりょく)ミスにほかならない。
- 学生の指導(しどう)のためとはいっても、やはり体罰(たいばつ)は暴力(ぼうりょく)にほかならない。

056

～わけがない ▶ ～할 리가 없다

접속 동사·い형용사·な형용사의 명사수식형＋わけがない, 명사＋の＋わけがない

의미 그럴 가능성이 없다고 강하게 부정하는 화자의 감정을 나타낸다.

- 努力(どりょく)をしないで成功するわけがない。
- 高級(こうきゅう)ブランド品(ひん)がそんなに安いわけがない。
- 年寄(としよ)りでも登(のぼ)れる山だから、危険(きけん)なわけがない。

MEMO

057

～わけではない ▶ (반드시) ~하는 것은 아니다

접속 동사·い형용사·な형용사의 명사수식형＋わけではない

의미 반드시 그렇다고 단정할 수 없다는 부분부정의 의미를 나타낸다. 「必ずしも」나 「ぜんぜん」 등의 부사와 함께 쓰이는 경우가 많다. 「~とは限らない(~라고는 할 수 없다)」와 거의 같은 의미를 나타낸다.

- カレーは好きではないといってもぜんぜん食べないわけではない。
- 仕事が忙しいと言っても一年中忙しいわけではない。
- たまに野球場へ行くが、別に野球が好きなわけではない。

058

～わけにはいかない ▶ ~할 수는 없다

접속 동사의 사전형＋わけにはいかない

의미 어떠한 이유나 사정이 있어서 그렇게 할 수 없다는 의미를 나타낸다. 「동사의 ない형＋ないわけにはいかない」의 경우, 그렇게 할 수밖에 없다는 의미를 나타낸다.

- これは借りた物だから、あなたにあげるわけにはいかない。
- 飲み会があるので、幹事の私が遅れていくわけにはいかない。
- 明日は試験があるから、勉強しないわけにはいかない。

MEMO

059

～を問わず ▶ ～을 불문하고

접속 명사＋を問わず

의미 제시된 것과 관계가 없거나 그것에 영향을 받지 않는다는 의미를 나타낸다.

- 量の多少を問わず注文に対応します。
- この商店街は昼夜を問わずにぎやかだ。
- 彼女の小説は、年齢や性別をとわず多くの人に読まれている。

060

～をめぐって ▶ ～을 둘러싸고

접속 명사＋をめぐって

의미 주로 분쟁이나 논란과 관련있는 대상을 나타낸다.

- 学校の移転をめぐっていろいろな意見が出た。
- その政治家の発言をめぐって、さまざまな議論がわき起こっている。
- 新しい社名をめぐって4時間も議論が続いた。

問題　次の文の（　　　）に入れるのに最もよいものを、1・2・3・4から一つ選びなさい。

01　素材(そざい)にこだわるから味はおいしいに（　　　）よ。
1 決めました　2 決まりました　3 決まっています　4 決めています

02　A社の製品は、そのデザイン（　　　）世界のトップレベルといえるでしょう。
1 にかけては　2 にしては　3 をこめては　4 をぬきにしては

03　この辺は都心(としん)（　　　）、公園も多くて快適だ。
1 にしてから　2 にしては　3 にするに　4 にすると

04　お客さんが必要としていない商品が売れる（　　　）。
1 にすぎない　2 わけがない　3 べきでない　4 にきまっている

05　この奨学金は国籍(こくせき)を（　　　）、だれでも申(もう)し込(こ)むことができる。
1 かかわらず　2 かぎらず　3 かまわず　4 問わず

06　環境問題の解決策（　　　）、熱心な議論が続いている。
1 をかぎって　2 をつうじて　3 をめぐって　4 をこめて

07　いっしょに暮(く)らして（　　　）、母の病気に気づかなかった。
1 いるおかげで　2 いるとか　3 いたところで　4 いながら

08　同窓会に出席しないにしても欠席の葉書くらいは（　　　）わけにはいかないだろう。
1 出す　2 出した　3 出さない　4 出しよう

09　歌は上手ではないが、歌番組(うたばんぐみ)を見るのが嫌いだという（　　　）。
1 わけになる　2 にちがいない　3 はずだろう　4 わけではない

10　今回のコンサートが成功したのは、周囲の支援(しえん)とみんなの努力の結果（　　　）。
1 になくてはならない　2 にほかならない
3 ともかぎらない　4 にすぎない

問題　次の文の（　　　）に入れるのに最もよいものを、1・2・3・4から一つ選びなさい。

01　体に悪いと（　　　）ながら毎日数本(すうほん)の缶(かん)コーヒーを飲んでいる。

1 知っている　2 知らない　3 知り　4 知る

02　男女を（　　　）、車を運転する人が増えている。

1 言わず　2 問わず　3 聞かず　4 かかわらず

03　3日間の旅行に（　　　）ずいぶん大きいバッグですね。

1 しては　2 とっては　3 よっては　4 わりに

04　私は彼の意見には反対だが、彼が言いたいことが分からない（　　　）。

1 にきまっている　2 というよりほかない

3 わけではない　4 どころではない

05　貿易(ぼうえき)の自由化（　　　）、専門家からさまざまな意見が出されている。

1 を中心で　2 をもとに　3 をめぐって　4 をこめて

06　彼の言う「考えてみます」という返事は「興味ありません」の意味に（　　　）。

1 ほかでもない　2 ほかならない　3 ほかではない　4 ほかしかない

07　あした試験があるので、映画を見に（　　　）。

1 行くわけにはいかない　2 行かざるをえない

3 行くよりほかはない　4 行かないことはない

08　坂本(さかもと)さんは、スタイルの良さ（　　　）、だれにも負けないでしょう。

1 にしては　2 にかかわらず　3 にかけては　4 にもとづいて

09　大学の入試問題だから、むずかしい（　　　）。

1 にきまっている　2 にきめていない　3 にほかない　4 じゃないとかぎる

10　あの国はまだ戦争中だから、安全な（　　　）。

1 はずだ　2 しかたがない　3 そうもない　4 わけがない

51-60 연습문제 ⑱

問題　次の文の（　　　）に入れるのに最もよいものを、1・2・3・4から一つ選びなさい。

01　一流の料理人が作った料理ならおいしいに（　　　）。

1 限られている　2 基づいている　3 決まっている　4 違っている

02　あの店は一流レストラン（　　　）あまり値段が高くない。

1 にとっては　2 にくわえて　3 にしては　4 にかぎって

03　面接試験では緊張（きんちょう）（　　　）何とか質問に答えることができた。

1 しがたく　2 しながらも　3 するどころか　4 するかと思うと

04　彼女は、タイプを打つことに（　　　）、社内で一番だと思います。

1 よっては　2 応じては　3 かけては　4 とっては

05　日本が経済大国になったとはいっても、必ずしも国民の生活が豊かになった（　　　）。

1 からである　2 にちがいない　3 わけだ　4 わけではない

06　当社の商品は、年齢（ねんれい）や性別（　　　）、日常生活でお使いいただく日用品（にちようひん）が中心となっています。

1 を問わず　2 を通して　3 にかけて　4 といわず

07　司会なので、少し熱があるぐらいでは会議に（　　　）わけにはいかない。

1 参加しない　2 参加する　3 参加したい　4 参加しよう

08　原子力（げんしりょく）発電所の建設を（　　　）国と住民が激しく対立している。

1 もとに　2 関して　3 めぐって　4 とわず

09　あのまじめな山田（やまだ）君が授業をやすんだりする（　　　）。

1 べきではない　2 わけがない　3 しかない　4 にちがいない

10　新製品の開発に成功できたのは、みんなの協力のおかげに（　　　）。

1 すぎません　2 ほかなりません　3 しかありません　4 かかわりません

총정리문제 ❷

問題１　次の文の（　　　）に入れるのに最もよいものを、１・２・３・４から一つ選びなさい。

1　コンピューターの使い方を覚えたければ、まずあれこれ触ってみる（　　　）。

1 かのようだ　　2 ことだ　　3 ものがある　　4 わけがない

2　彼女は掃除をしないばかりでなく、簡単な料理さえ（　　　）。

1 しうる　　2 しない　　3 するほどだ　　4 するしかない

3　内容を何回も読んで確認した（　　　）、書類にサインした。

1 うちに　　2 ところに　　3 うえで　　4 おかげで

4　彼はすべてのことを知っているはずなのに、まるで何も知らないかの（　　　）顔をしている。

1 ぐらいの　　2 みたいな　　3 ような　　4 らしい

5　その件については、こちらでは（　　　）ので、担当者にお聞きいただけますか。

1 わかりかねます　　2 わかるべきです
3 わかることです　　4 わかるほどです

6　彼女とは卒業した翌年に一度会った（　　　）、その後会っていない。

1 おかげで　　2 きりで　　3 ほどで　　4 ばかりで

7　この手続きは、複雑な（　　　）時間もかかるので、皆がいやがっている。

1 うえに　　2 うちに　　3 ほどの　　4 ものの

8　あんなに喜んでいる（　　　）見ると、彼の成績はかなり上がったにちがいない。

1 ところを　　2 ものを　　3 ほどを　　4 わけを

9 A:「田中さんは遅いですね。」
B:「ええ。でも、まじめなあの人のこと（　　　）必ず来ますよ。」
1 なのに　2 だったり　3 だとしても　4 だから

10 石田さんが椅子に腰掛けた（　　　）椅子のあしが折れてしまった。
1 からには　2 とおりに　3 ままに　4 とたんに

11 この会場には国内や海外を（　　　）、最新の家電製品が数多く並んでおります。
1 知らず　2 聞かず　3 問わず　4 言わず

12 父の話によると、昔ここに川があった（　　　）。
1 ということだ　2 らしいことだ　3 らしいものだ　4 というものだ

13 仕事に追われているが、親友の結婚式には出席しない（　　　）。
1 わけがない　2 わけではない
3 わけにはいかない　4 わけもない

14 毎年10月から3月（　　　）、シベリアから渡り鳥がやってくる。
1 をもとに　2 にそって　3 をめぐって　4 にかけて

15 私は魚の料理に（　　　）だれにも負けない自信がある。
1 かけるなら　2 かけては　3 かけると　4 かければ

16 A:「この車、古いね。買い替えないの？」
B:「そんなこと、簡単にできる（　　　）だろう。給料だって少ないし。」
1 ものがない　2 わけがない　3 ようがない　4 そうもない

17 この携帯電話は、最新の商品（　　　）機能が少ない。
1 というと　2 として　3 といっては　4 にしては

18 親が子供をきびしくしかるのは、子供を愛しているからに（　　　）。

1 かぎらない　　2 ともなわない　　3 かかわらない　　4 ほかならない

19 子供のころ、２年ぐらいアメリカに住んでいたからといって、英語がうまい（　　　）。

1 わけだろう　　2 わけではない

3 わけにはいかない　　4 わけである

20 新製品の宣伝方法を（　　　）、多くの意見が出された。

1 対して　　2 かまわず　　3 めぐって　　4 まわって

問題２　次の文の ＿★＿ に入る最もよいものを、１・２・３・４から一つ選びなさい。

21 近い将来に大地震が ＿＿ ＿＿ ＿★＿ ＿＿ たまらない。

1 かもしれない　　2 と思うと　　3 起きる　　4 心配で

22 医者にお酒を飲まないように言われている ＿＿ ＿＿ ＿★＿ ＿＿ いられない。

1 あったら　　2 お酒が　　3 飲まずには　　4 にもかかわらず

23 新聞によると、Ｎ社は不景気にも ＿＿ ＿＿ ＿★＿ ＿＿ ことだ。

1 業績を　　2 という　　3 かかわらず　　4 伸ばしている

24 お礼を ＿＿ ＿★＿ ＿＿ ＿＿ なかった。

1 思いながら　　2 言う　　3 機会が　　4 言いたいと

25 主人の給料 ＿＿＿ ＿★＿ ＿＿＿ ＿＿＿ が、先のことを考えるとやはり不安だ。

1 こともない　2 のだ　3 だけで　4 生活できない

26 沖縄(おきなわ)から九州(きゅうしゅう)に ＿＿＿ ＿＿＿ ＿★＿ ＿＿＿ いる。

1 かけて　2 被害(ひがい)は　3 拡大して　4 台風の

27 このデジタルカメラは、＿＿＿ ＿＿＿ ＿★＿ ＿＿＿ 今のところほかの製品よりも優(すぐ)れている。

1 良さに　2 かけては　3 写りの　4 夜景(やけい)と室内の

28 彼女を喜(よろこ)ばせよう ＿＿＿ ＿★＿ ＿＿＿ ＿＿＿ する。

1 あまり　2 お金を使ったり　3 と思う　4 無理をして

29 これは何日も ＿＿＿ ＿＿＿ ＿★＿ ＿＿＿ この気持ちが変わることはない。

1 上での　2 決心です　3 考えた　4 から

30 会議に遅れた ＿＿＿ ＿★＿ ＿＿＿ ＿＿＿ 上司にものすごく怒(おこ)られた。

1 上に　2 ミスがあって　3 提出した　4 レポートに

31 やると決めた ＿＿＿ ＿＿＿ ＿★＿ ＿＿＿ 頑張(がんば)ってください。

1 持って　2 強い　3 からには　4 信念を

32 駅の南側(みなみがわ) ＿＿＿ ＿＿＿ ＿★＿ ＿＿＿ 商業(しょうぎょう)の拠点(きょてん)として発展しつづけている。

1 施設があって　2 ホテルやショッピングセンター

3 には　4 といった

33 アルバイトを休みたいが、＿＿＿ ＿★＿ ＿＿＿ ＿＿＿ かねている。

1 言い出し　2 時期　3 なので　4 忙しい

34 娘は学校から帰って ＿＿＿ ＿＿＿ ＿★＿ ＿＿＿ 出てこない。

1 入った　2 自分の部屋に　3 きり　4 きてから

35 忘れっぽい ＿＿＿ ＿＿＿ ＿★＿ ＿＿＿ すっかり忘れているんだろう。

1 本人の　2 彼の　3 言ったことも　4 ことだから

36 ボランティア活動はやる気 ＿＿＿ ＿＿＿ ＿★＿ ＿＿＿ だれでも参加できます。

1 年齢(ねんれい)を　2 あれば　3 問わず　4 さえ

37 健康(けんこう)的にやせたいなら、なるべく ＿＿＿ ＿＿＿ ＿★＿ ＿＿＿ ことだ。

1 外食を減(へ)らして　2 作った　3 食事をとる　4 自宅(じたく)で

38 健康食品に関心が高(たか)まっているが、それは ＿＿＿ ＿★＿ ＿＿＿ ＿＿＿ にほかならない。

1 あらわれ　2 不健康である　3 ことの　4 食生活が

39 海外に新しく ＿＿＿ ＿★＿ ＿＿＿ ＿＿＿ 次第だ。

1 どうかは　2 支店(してん)を　3 出すか　4 社長の考え方

40 同じ性能で同じ値段の製品では、販売競争(はんばいきょうそう)をしても ＿＿＿ ＿＿＿ ＿★＿ ＿＿＿ いる。

1 会社に　2 きまって　3 大きな　4 負けるに

問題３　次の文章を読んで、文章全体の内容を考えて、［41］から［50］の中に入る最もよいものを１・２・３・４から一つ選びなさい。

ある調査によれば、運動をしていない人にその理由をたずねたところ「時間がないから」(45％)「仕事や家事で疲れているから」(33％)がその主な回答であった(複数回答あり)。また運動を行っている人も、仕事や勉強などで毎日という［41］のが現状(げんじょう)のようだ。

こうした状況の中でウォーキングー歩くことーが注目されはじめた。ウォーキングは1日の中で空いた時間を自由に使ってできるため、通勤や通学の途中でもできるし、服装もとりあえずシューズさえ［42］間に合う。いつでもどこでもできるという気軽(きがる)さから長続きしやすく、長続きするから体力もつくため、年齢［43］楽しめる。運動不足になりがちな現代人には最高の運動といえるだろう。

［41］

1 ほかはない　　2 わけにはいかない
3 せいだ　　4 にすぎない

［42］

1 用意するからして　　2 用意するだけあって
3 用意すれば　　4 用意しなくても

［43］

1 に通して　　2 を問わず　　3 にしろ　　4 ばかりか

小学5年生の長男が少年野球チームに入って、今年で3年目になります。

いまどき珍しく熱い監督に大声でしかられ［ 44 ］、練習が楽しいようです。決して強いチームではありませんが、みんなの気持ちが一つになるといいプレーを見せてくれます。

普段の生活では見せることのない表情が［ 45 ］。

来週はいよいよシーズン最後の公式戦。今年で最後の6年生のためにも、なんとか頑張ってもらいたいです。

［44］

1 ぎみに　　2 ながらも　　3 かのように　　4 かと思うと

［45］

1 残念でなりません　　2 悲しくてたまりません

3 つらくてしょうがないです　　4 たくましくてたまりません

プロはそれが仕事なので、毎日毎日練習して悩み、苦しみ、時間やお金、そして情熱のすべてを注(そそ)ぎ込(こ)んでいる。どんなに素晴らしい才能を持っている人間でも、技術を磨く努力をしなければ、その才能を発揮(はっき)できない［46］。

プロになるためには、最低でもプロと同じかプロ以上に練習する時間を作らなければ、いつまで経ってもプロにはなれないと言える。言い換えれば、はんぱな練習量ではプロになれるチャンス［47］ないのだ。あなたの考え方や努力［48］、成功するかどうかが決まるのだ。プロになりたいと考える人は、以上のことを真剣(しんけん)に考えて行動しなければいけないだろう。

［46］

1 に限られている　　2 に決まっている
3 にすぎない　　4 に違っている

［47］

1 さえ　　2 こそ　　3 ばかり　　4 でも

［48］

1 がちで　　2 だらけで　　3 次第(しだい)で　　4 限(かぎ)りで

現在、バイオリンの買い替えを考えています。新しく買う［49］、自分で試奏(しそう)し、音を聴いてじっくりと選びたいのです。でも、恥ずかしいことに、私は人前で演奏できるレベルではないし、店内で試しに演奏する勇気がありません。

以前、勇気を出して弾いてみたこともあるのですが、緊張と恥ずかしさの［50］全然集中できず、音が聞けない状態でした。

店員さんに弾いていただいて選ぶという方法もありますが、やはり自分で直接確かめたい気持ちもあり、悩んでしまいます。

［49］

1 からには　　2 わけには　　3 うえには　　4 かといって

［50］

1 ところ　　2 ばかり　　3 あまり　　4 たびに

해석보기

PART3

학습 우선도로 나눈 **N2 능시문법**

061-090

061 **～からすると・～からすれば** ~로 보아

062 **～からといって** ~라고 해서

063 **～ことか** ~한가!, ~란 말인가!

064 **～ことに** ~하게도

065 **～際(さい)** ~때, ~경우

066 **～たところ** ~했더니

067 **～つつある** ~하고 있다

068 **～て以来(いらい)** ~한 이래

069 **～てからでないと** ~하고 나서가 아니면

070 **～というものだ** (바로) ~인 것이다, ~인 법이다

071 **～というものではない**
(반드시) ~하는 것은 아니다

072 **～といっても** ~라고는 해도

073 **～どころではない** ~할 상황이 아니다

074 **～とともに** ① ~과 함께 ② ~에 따라

075 **～において** ~에 있어서, ~에서

076 **～にかかわらず** ~에 관계없이

077 **～にこたえて** ~에 부응하여

078 **～に際(さい)して** ~에 즈음하여, ~할 때

079 **～に先立(さきだ)ち・～に先立(さきだ)って** ~에 앞서

080 **～にしたがって・～にしたがい** ~에 따라

081 **～に違(ちが)いない** ~임에 틀림없다

082 **～につれて** ~에 따라

083 **～にとって** ~에게 있어서, ~에게

084 **～にともなって・～にともない** ~에 따라

085 **～にもかかわらず** ~에도 불구하고

086 **～にわたって / ～にわたる**
~에 걸쳐서 / ~에 걸친

087 **～ばかりに** ~한 탓에

088 **～はもちろん・～はもとより** ~은 물론

089 **～ようがない** ~할 수가 없다, ~할 방법이 없다

090 **～を通(とお)して・～を通(つう)じて** ~을 통해서

MEMO

061

～からすると・～からすれば ▶ ～로 보아, ～입장에서 보면

접속 명사＋からすると・からすれば

의미 그렇게 '판단하는 근거'를 나타내는 표현으로, 「表情」「様子」「話し方」 등의 명사 뒤에 붙는 경우가 많다. 또한 그렇게 판단한 것이 누구의 입장이나 관점인지 '판단하는 주체'를 강조하여 나타내는 용법도 있다.

・彼の態度からすると、謝る気は全然なさそうだ。

・話し方からすれば、彼女は東京の人ではないようだ。

・教師からすると、課外活動はけっこう準備が大変だ。

062

～からといって ▶ ～라고 해서

접속 동사・い형용사・な형용사・명사의 보통형＋からといって

의미 「～からといって」 앞에 있는 것이 반드시 뒷문장의 내용을 결정하는 것은 아니라는 의미를 표현한다. 뒤에 「～わけではない」「～とは限らない」와 같은 부정적인 표현이 오는 경우가 많다.

・金持ちだからといって幸せとは限らない。

・おいしいからといって、そんなにたくさん食べるのは体によくないよ。

・一度ぐらい断られたからといって、簡単にあきらめるつもりはない。

MEMO

063

～ことか ▶ ~한가!, ~란 말인가!

접속 동사·い형용사·な형용사의 명사수식형＋ことか

의미 주로 감탄이나 탄식과 같은 감정을 나타낸다.

- 今まで何度たばこを止(や)めようと思ったことか。
- 事故のニュースを見て、どんなに心配したことか。
- あなたに手伝ってもらえれば、どんなに心強(こころづよ)いことか。

064

～ことに ▶ ~하게도

접속 동사의 た형＋ことに, い형용사의 기본형＋ことに,
な형용사의 어간+な＋ことに

접속 감정을 나타내는 단어 뒤에 붙어서, 그러한 느낌이 든다는 화자의 감정을 강조하여 나타낸다.

- 困ったことに、家の鍵(かぎ)をどこかで落としてしまった。
- 残念なことに、試合(しあい)は雨で中止(ちゅうし)になった。
- 悲しいことに、合格点(ごうかくてん)に1点足(た)りなくて不(ふ)合格になってしまった。

MEMO

065

～際(さい) ▶ ～때, ～경우

접속 동사의 사전형·た형＋際, 명사＋の＋際

의미 어떠한 일이 이루어지는 때나 상황을 의미하는데, 「この際」와 같은 관용적인 표현은 특히 타이밍을 강조한다. 현재의 시점에 중점을 두기 때문에, '이번 기회에', '이 때'의 의미로 해석하면 된다.

- 出かける際(さい)は、必(かなら)ず鍵(かぎ)をかけるようにしてください。
- 詳(くわ)しいことはお会いした際に、お話しします。
- この際、納得(なっとく)の行くまで話し合ったほうがいい。

066

～たところ ▶ ～했더니

접속 동사의 た형+ところ

의미 어떤 동작을 한 결과, 무언가 새로운 것을 알게 되었다는 느낌을 나타낸다.

- 田中さんの都合(つごう)を聞いたところ、金曜日ならいつでもいいとのことだった。
- 会場の問(と)い合(あ)わせをしたところ、親切に教えてくれた。
- 新しいカメラを使ってみたところ、とても使いやすかった。

MEMO

067

～つつある ▶ ～하고 있다

접속 동사의 ます형+つつある

의미 어떠한 변화가 점점 진행되고 있다는 의미를 나타낸다.

- 新しいビルが完成(かんせい)しつつある。
- 地球温暖化(おんだんか)で氷河(ひょうが)が減りつつある。
- 人口の増加(ぞうか)とともに、この町の住宅(じゅうたく)事情は悪くなりつつある。

068

～て以来(いらい) ▶ ～한 이래

접속 동사의 て형+以来

의미 그러한 일이 발생한 후에 계속 그 상황이 유지된다는 의미를 나타낸다. 시제상으로는 과거의 시점에서 현재까지 지속되는 경우에 주로 사용된다.

- 山田さんとは高校を卒業して以来(いらい)会っていない。
- 病気をして以来食生活(しょくせいかつ)には気を使っている。
- 京都(きょうと)には、学生時代に訪(おとず)れて以来行っていない。

MEMO

069

~てからでないと ▶ ~하고 나서가 아니면

접속 동사의 て형+からでないと

의미 앞의 일이 끝나지 않으면 뒤에 오는 일을 실행할 수 없으므로, 앞의 내용을 먼저 끝낼 필요가 있다는 의미를 나타낸다. 「~てからでないと」는 「~てからでなければ」로 바꿔 쓸 수 있다.

- 家族と相談してからでないと、お返事(へんじ)できません。
- 訓練(くんれん)を受けてからでないと、この仕事はできない。
- 調査(ちょうさ)をしてからでなければ対策(たいさく)は立てられない。

070

~というものだ ▶ (바로) ~인 것이다, ~인 법이다

접속 동사・い형용사의 보통형/な형용사의 어간・명사+というものだ

의미 그것이 당연하다는 화자의 주장을 나타낸다.

- 電車の中で大きい声を出すのは非常識(ひじょうしき)というものだ。
- 会社のお金で家族旅行をするのはずうずうしいというものだ。
- 彼は難しい試験に合格(ごうかく)した。長年(ながねん)の努力が実(み)を結(むす)んだというものだ。

연습문제 ⑲

問題　次の文の（　　　）に入れるのに最もよいものを、1・2・3・4から一つ選びなさい。

01 先月の初めに雨が（　　　）以来、２ヶ月も降っていない。

1 降った　2 降る　3 降って　4 降れば

02 どんなに努力してもうまくいかない場合がある。それが現実という（　　　）。

1 ことだ　2 ものだ　3 ようだ　4 わけだ

03 もう少し詳しくお話を（　　　）、お答えできません。

1 うかがうからといって　2 うかがいしだい

3 うかがうどころか　4 うかがってからでないと

04 大型（おおがた）の台風が北上（ほくじょう）し（　　　）という。

1 つついる　2 つつある　3 ながらある　4 ながらいる

05 大きな地震が発生したが、（　　　）ことに死者（ししゃ）はほとんど出なかったという。

1 幸いの　2 幸い　3 幸いで　4 幸いな

06 米（こめ）を生産する農家（のうか）（　　　）、涼（すず）しい夏はあまりありがたくないことだ。

1 とともに　2 からには　3 といっても　4 からすると

07 日本に住んでいる（　　　）、日本語が上手に話せるわけではない。

1 にとって　2 だけあって　3 からといって　4 に応じて

08 この記念コインは、オリンピックが開催（かいさい）された（　　　）作られた。

1 末に　2 ほどに　3 際に　4 最中に

09 隣の家がうるさいのでのぞいて（　　　）、パーティーをしていた。

1 みるところ　2 みたところ　3 みるばかり　4 みたばかり

10 あなたの無事だという知らせを聞いて、どんなに安心した（　　　）。

1 ことか　2 とは　3 はずだ　4 ところだ

61-70 연습문제 ⑳

問題　次の文の（　　　）に入れるのに最も良いものを、1・2・3・4から一つ選びなさい。

01　めずらしい（　　　）、いつも遅れてくる内田(うちだ)さんが今日は 10 分も早く来ていた。

1 ように　　**2** ことに　　**3** ものに　　**4** わけに

02　この製品(せいひん)をご使用の（　　　）は次のことを必ず守ってください。

1 末　　**2** 以降　　**3** 次第　　**4** 際

03　基礎(きそ)をしっかり勉強（　　　）、この問題は解けない。

1 するどころか　　**2** したかと思うと　　**3** してからでないと　　**4** するばかりか

04　市長に面談(めんだん)を（　　　）ところ、来週の火曜日に決まった。

1 申(もう)し込(こ)む　　**2** 申(もう)し込(こ)んだ　　**3** 申(もう)し込(こ)もう　　**4** 申(もう)し込(こ)んでいる

05　あなたの返事をどれだけ待っていた（　　　）。

1 ことか　　**2** だけか　　**3** ものか　　**4** わけか

06　最近円高(えんだか)の影響により、日本人の海外旅行は伸び（　　　）そうだ。

1 いっぽうだ　　**2** がたい　　**3** きれない　　**4** つつある

07　車の運転に慣(な)れてきた（　　　）スピードを出しすぎてはいけない。

1 からには　　**2** からこそ　　**3** からといって　　**4** からか

08　ジョギングを始めて（　　　）、風邪も引かなくなった。

1 きり　　**2** 以来　　**3** からして　　**4** にかかわらず

09　同じ仕事をしているのに給料が違うのは不公平（　　　）。

1 しようものだ　　**2** ものがある　　**3** というものだ　　**4** ものか

10　彼のテストの結果（　　　）、上級(じょうきゅう)クラスに進むのはまだ無理だろう。

1 ばかりか　　**2** をはじめ　　**3** からすると　　**4** にわたって

연습문제 ㉑

問題　次の文の（　　　）に入れるのに最もよいものを、1・2・3・4から一つ選びなさい。

01 先日、新発売のゲームソフトを買いに行ったが、残念な（　　　）売り切れだった。

1 ものから　2 ばかりに　3 ことに　4 せいで

02 問い合わせに対してちゃんと返答（へんとう）を出さないのは、お客に対して失礼（　　　）。

1 というわけではない　2 というものだ

3 というからだ　4 というほうだ

03 小包（こづつみ）を開けてみた（　　　）人形が入っていた。

1 せいで　2 ところ　3 すえに　4 とおり

04 お出かけの（　　　）、交通情報のチェックを忘れないでください。

1 ところには　2 最中に　3 際には　4 たびには

05 あなたと別れてから、どんなに泣いた（　　　）。

1 からか　2 ことか　3 せいか　4 ものか

06 その件については、会議で検討して（　　　）、決定できません。

1 からでないと　2 からには　3 からといって　4 からすると

07 去年スキーを（　　　）以来、暇（ひま）さえあればスキーに行くようになった。

1 はじめよう　2 はじめる　3 はじめた　4 はじめて

08 理系の新卒者（しんそつしゃ）が毎年（　　　）つつあるという。

1 減り　2 減って　3 減った　4 減る

09 一週間ぐらい連絡がない（　　　）、そんなに心配しなくてもいいんじゃないの。

1 からといって　2 わりに　3 ばかりでなく　4 のもかまわず

10 どこの国でも外国人（　　　）、なかなか理解できない習慣（しゅうかん）があるものだ。

1 からには　2 からすると　3 といっても　4 にしては

MEMO

071

~というものではない ▶ (반드시) ~하는 것은 아니다

접속 동사·い형용사·な형용사·명사의 보통형+というものではない
(다만, な형용사와 명사는 だ를 생략하는 경우도 있다.)

의미 반드시 그렇다고 단정할 수는 없다는 의미를 나타낸다.

・長い時間勉強すれば、成績(せいせき)があがるというものではない。

・金さえあれば幸(しあわ)せになれるというものではない。

・防犯(ぼうはん)カメラを設置(せっち)したからといって、安全だというものではない。

072

~といっても ▶ ~라고는 해도

접속 동사·い형용사·な형용사·명사의 보통형+といっても
(다만, な형용사와 명사에 だ는 붙지 않는다)

의미 앞에 오는 내용으로부터 일반적으로 예상되는 것과는 다른 내용을 유도하는 역접 표현이다.

・スペイン語を勉強したといってもわかるのはあいさつだけだ。

・入学金(にゅうがくきん)は高いといっても払えない額(がく)ではなかった。

・春(はる)といってもまだ寒い日が続いている。

· MEMO

073

～どころではない ▶ ～할 상황이 아니다

접속 동사의 사전형/명사＋どころではない

의미 그것을 할 만한 그런 단순한 상황이 아니라는 의미를 강조하여 나타낸다.

- 仕事が忙しくて旅行するどころではない。
- あしたは試験(しけん)だから、映画を見に行くどころじゃないよ。
- 痛くて食事どころではなかった。

074

～とともに ▶ ① ～과 함께 ② ～에 따라

접속 동사·い형용사의 사전형+とともに, な형용사의 어간·명사+である+とともに

1. ～과 함께, ～과 동시에

의미 그 행동을 함께 하는 사람을 나타내거나, 그 행동의 또 다른 측면을 제시할 때 사용한다.

- 家族とともに旅行に出かけた。
- 新薬(しんやく)の開発は、困難(こんなん)であるとともに費用(ひよう)もかかる。

2. ～에 따라 〈인과관계〉

의미 하나의 변화에 따라 다른 변화가 발생한다는 의미를 나타낸다.

- 人口(じんこう)が増加するとともに、住宅(じゅうたく)問題が深刻(しんこく)になってきた。
- 物価(ぶっか)の上昇(じょうしょう)とともに、人々の生活は苦しくなってきた。

MEMO

075

～において ▶ ～에 있어서, ～에서

접속 명사＋において

의미 장소나 시간, 상황을 나타내는 표현 뒤에 붙는다. 뒤에 명사가 오는 경우에는 「～における＋명사(～에 있어서의～)」의 형태로 쓰이기도 한다.

- 卒業式は講堂(こうどう)において行われる予定である。
- 田中君が今年のスピーチ大会において優勝(ゆうしょう)した。
- 環境(かんきょう)問題は現代社会における大きな課題(かだい)の一つである。

076

～にかかわらず ▶ ～에 관계없이

접속 동사의 사전형/명사＋にかかわらず, 동사의 ない형＋ない＋にかかわらず

의미 앞에 제시된 조건이나 상황에 관계없이 뒤의 동작을 실행할 때 사용하는 표현이다.

- 果物(くだもの)は種類にかかわらず、何でも好きです。
- 参加するしないにかかわらず、ご連絡ください。
- 留学(りゅうがく)に行くにかかわらず、ある程度(ていど)の外国語能力(のうりょく)は必要だと思う。

MEMO

077

～にこたえて ▶ ~에 부응하여

접속 명사＋にこたえて

의미 상대의 요구를 받아들이거나 기대에 반응한다는 의미를 나타낸다.

- 観客の拍手にこたえて、あの歌手はアンコール曲を歌った。
- 国民の熱い応援にこたえて、彼女は金メダルを取った。
- 彼は親の期待にこたえて、りっぱな学者になった。

078

～に際して ▶ ~에 즈음하여, ~할 때

접속 동사의 사전형/명사＋に際して

의미 '특별하게 무언가를 시작할 때 또는 그 진행 중에'라는 의미로, 격식있는 표현으로 쓴다.

- 彼女は、引っ越しに際して不用品を処分した。
- この製品を使用するに際しては、注意が必要です。
- 内田課長の転勤に際して、送別会が開かれた。

MEMO

079

～に先立ち・～に先立って ▶ ～에 앞서

접속 명사＋に先立ち・に先立って

의미 제시된 내용보다 먼저 어떤 특별한 행위를 할 때 사용한다.

- 出国に先立ち、首相は記者会見をした。
- 映画の一般公開に先立ち試写会が開かれた。
- 試合に先立って、開会式が行われた。

080

～にしたがって・～にしたがい ▶ ～에 따라

접속 동사의 사전형/명사＋にしたがって・にしたがい

의미 한 쪽이 변화함에 따라 다른 쪽도 변화한다는 의미를 나타낸다.

- 人は年をとるにしたがって頑固になり、気が短くなるという。
- 物価が上がるにしたがって、人々の生活が苦しくなった。
- 製品の普及にしたがい、価格は下がっていく。

참고

관습이나 법률, 지시 등에 복종하거나 따른다는 의미를 나타내기도 한다.

예) 医師の指導にしたがって、薬を飲んでください。
의사의 지도(지시)에 따라 약을 드세요.

71-80 연습문제 22

問題　次の文の（　　　）に入れるのに最もよいものを、1・2・3・4から一つ選びなさい。

01 出発（　　　）一言(ひとこと)ご注意申し上げます。

1 にさきだって　　2 にかけて　　3 につけて　　4 にこたえて

02 日が昇(のぼ)る（　　　）気温がぐんぐん上がりはじめた。

1 にとって　　2 に対して　　3 にしたがって　　4 に関して

03 出された食事は好(す)き嫌(きら)いに（　　　）食べましょう。

1 よると　　2 かかわらず　　3 よれば　　4 かかわり

04 消費者の要求（　　　）、質(しつ)のよい製品を生産していかなければならない。

1 につれて　　2 に反して　　3 とともに　　4 にこたえて

05 本製品のご使用（　　　）は、「安全上のご注意」をよくお読みください。

1 に対して　　2 にとって　　3 に際して　　4 に加えて

06 今年の秋、東京（　　　）、日米首脳会談(にちべいしゅのうかいだん)が行われる予定である。

1 において　　2 にとって　　3 にあたって　　4 にかぎって

07 この病気は、手術をすればすぐによくなるという（　　　）ではないらしい。

1 違(ちが)い　　2 末(すえ)　　3 もの　　4 とおり

08 車を買うために借金(しゃっきん)をした。借金（　　　）大した額(がく)ではないので大丈夫だ。

1 といっても　　2 というより　　3 といったら　　4 といえば

09 父が病気で入院してしまい、勉強（　　　）。

1 どころではなかった　　2 がちではなかった

3 ぐらいではなかった　　4 ばかりではなかった

10 日が暮(く)れる（　　　）気温が下(さ)がり、寒くなってきた。

1 とともに　　2 うちに　　3 うえで　　4 以来

71-80 연습문제 ㉓

問題　次の文の（　　　）に入れるのに最もよいものを、1・2・3・4から一つ選びなさい。

01 言葉は、時代や社会の変化（　　　）変わるものだ。

1 としたら　　2 とともに　　3 となって　　4 ところに

02 電気製品の輸入(ゆにゅう)（　　　）安全性の確認が行われている。

1 にさきだち　　2 に基づいて　　3 にくらべて　　4 にこたえて

03 コンピューターが普及(ふきゅう)し、一般家庭に（　　　）広く使われるようになった。

1 おうじても　　2 あたっても　　3 おいても　　4 よっても

04 ご注文金額の多少に（　　　）、200円の手数料をいただきます。

1 かかわらず　　2 かぎらず　　3 のみならず　　4 くらべて

05 今後、利用客が増える（　　　）、バスの本数を増(ふ)やしていきたいと思います。

1 にしたがって　　2 にとって　　3 にそって　　4 にせよ

06 商品は、値段が安ければいい（　　　）、まず質を考えるべきだ。

1 というもので　　2 というものではなく

3 にすぎないもので　　4 にきまっており

07 イギリスで暮らしたことがある（　　　）、実は4か月だけです。

1 かと思って　　2 だけあって　　3 からには　　4 といっても

08 図書館のご利用に（　　　）必ず以下の注意を守ってください。

1 際しては　　2 そっては　　3 よっては　　4 対しては

09 市民の希望(きぼう)に（　　　）、市立図書館の利用時間が延長(えんちょう)されることになった。

1 つけて　　2 こたえて　　3 くわえて　　4 とって

10 あの頃はお金もなく、趣味(しゅみ)を楽しむ（　　　）。

1 どころではなかった　　2 よりほかなかった

3 ほどのゆとりがあった　　4 わけではなかった

問題　次の文の（　　）に入れるのに最もよいものを、1・2・3・4から一つ選びなさい。

01 住民の要望に（　　）、横断歩道に信号がつけられた。
1 こたえて　2 くらべて　3 反して　4 わたって

02 仕事に追われて、デートする（　　）。
1 はずではない　2 どころではない　3 しかない　4 ばかりではない

03 エネルギー問題は、わが国（　　）もっとも重要な課題である。
1 にあたる　2 における　3 に対する　4 に応じる

04 経済の成長（　　）、人々の暮らしも豊かになった。
1 としたら　2 にしても　3 とともに　4 について

05 このバスの料金は、距離（　　）かかわらず同じです。
1 を　2 で　3 の　4 に

06 準備をしたからといって、簡単にできる（　　）。
1 ということだ　2 といえるだろう
3 というものではない　4 のではないか

07 会社（　　）名ばかりで従業員は家族だけなんです。
1 というより　2 といっても　3 といったら　4 といえば

08 当スポーツクラブの入会に（　　）、身分(みぶん)証明書が必要となります。
1 わたって　2 くらべて　3 際して　4 とって

09 運動しないでいると、年をとる（　　）体の機能は低下(ていか)していくという。
1 にこたえ　2 に加えて　3 にしたがって　4 に際して

10 会議の開始（　　）、メンバーに資料が配(くば)られた。
1 にくらべて　2 につれて　3 に対して　4 に先立って

MEMO

081

～に違いない ▶ ～임에 틀림없다

접속 동사·い형용사의 보통형/な형용사의 어간·명사＋に違いない

의미 틀림없이 그러하다고 확신하는 경우에 사용한다.

- 彼の話はすべて事実に違いない。
- 彼女は約束を忘れたに違いない。
- 人気のあるレストランだから、おいしいに違いない。

082

～につれて ▶ ～에 따라

접속 동사의 사전형/명사＋につれて

의미 한 쪽이 변화함에 따라 다른 쪽도 변화한다는 의미를 나타낸다.

- 医学の発達につれて人間の寿命が延びていく。
- 夏休みが近づくにつれて、何だかわくわくしてきた。
- 暗くなるにつれて、だんだん眠くなってきた。

MEMO

083

～にとって ▶ ～에게 있어서, ～에게

접속 명사＋にとって

의미 어떤 사람의 입장이나 관점에서 생각하거나 판단한다는 의미를 나타내며, 뒤에는 판단한 내용이 온다.

- あなたにとって一番大切な思(おも)い出(で)は何ですか。
- 携帯(けいたい)電話は現代人にとってなくてはならない存在(そんざい)になっている。
- 子どもにとって父親(ちちおや)の存在は非常に大きい。

084

～にともなって・～にともない ▶ ～에 따라

접속 동사의 사전형/명사＋にともなって・にともない

의미 한 쪽이 변화함에 따라 다른 쪽도 변화한다는 의미를 나타낸다. 「～につれて」「～にしたがって・～にしたがい」와 함께 인과관계를 나타내는 표현 중의 하나이다.

- 都心(としん)の人口が増加するにともなって、住宅(じゅうたく)問題は深刻化(しんこくか)している。
- インターネットの発達(はったつ)にともなって、多くの情報(じょうほう)があふれるようになった。
- 工業化(こうぎょうか)にともない、空気の汚(よご)れがひどくなった。

MEMO

085

~にもかかわらず ▶ ~에도 불구하고

접속 동사·い형용사·な형용사·명사의 보통형+にもかかわらず
(다만, な형용사와 명사에 だ는 붙지 않는다)

의미 앞 부분에 제시된 조건이나 상황으로부터 당연히 예상되는 것과는 달리, 문장 뒷부분에 반대되는 내용이 올 때 사용한다. 역접의「~のに」에 가까운 표현이다.

- 約束したにもかかわらず、彼は来なかった。
- 失敗する可能性が高いにもかかわらず、彼は計画を実行(じっこう)した。
- 雨にもかかわらず、たくさんの人が公演(こうえん)を見に来た。

086

~にわたって / ~にわたる ▶ ~에 걸쳐서 / ~에 걸친

접속 명사+にわたって/にわたる

의미 어떤 일이 시간적, 공간적으로 넓은 범위에 걸쳐 이루어진다는 의미를 나타낸다.

- 会議は5時間にわたって行われた。
- 台風(たいふう)は日本全域(ぜんいき)にわたって被害を及(およ)ぼした。
- 2年間にわたるビルの工事がようやく終わった。

MEMO

087

～ばかりに ▶ ～한 탓에

접속 동사의 た형＋ばかりに, い형용사의 기본형 ＋ばかりに,
な형용사의 어간＋な＋ばかりに, 명사＋である＋ばかりに

의미 그것이 원인으로 나쁜 결과가 되어 유감스럽다는 의미를 나타낸다.

- お金がないばかりに、教育(きょういく)が受けられないことがある。
- 店の予約をしなかったばかりに1時間も待つことになった。
- 私の説明が下手(へた)なばかりに、みんなに誤解(ごかい)を与(あた)えてしまったようだ。

088

～はもちろん・～はもとより ▶ ～은 물론

접속 명사＋はもちろん・はもとより

의미 그것에 대해서는 말할 필요도 없이 당연하며, 추가되는 내용 역시 논할 필요가 없다는 의미를 나타낸다. 「～はもとより」 쪽이 더 딱딱한 표현이다.

- 母はもちろん父も私たちの結婚に賛成(さんせい)してくれた。
- このホテルでは英語はもちろん、日本語も通(つう)じる。
- 京都(きょうと)はもとより日本全国に古いお寺(てら)が残っている。

MEMO

089

～ようがない ▶ ～할 수가 없다, ～할 방법이 없다

접속 동사의 ます형+ようがない

의미 달리 방도가 없어서 그러한 행동이 불가능하다는 의미를 나타낸다.

- 彼の連絡先(れんらくさき)を知らないので、連絡しようがない。
- 古い機種(きしゅ)なのでもう部品がなく、修理(しゅうり)のしようがない。
- 料理の材料(ざいりょう)がまったくないので作りようがない。

090

～を通(とお)して・～を通(つう)じて ▶ ～을 통해서

접속 명사+を通して・を通じて

의미 중개・매개가 되는 것을 사이에 넣어 간접적으로 어떠한 행동을 할 때 사용한다.

- 新聞を通(とお)して、世(よ)の中(なか)のことを知ることができる。
- 二人は大学のサークル活動(かつどう)を通して知り合った。
- 旅(たび)を通(つう)じていろいろな経験をした。

81-90 연습문제 25

問題　次の文の（　　　）に入れるのに最もよいものを、1・2・3・4から一つ選びなさい。

01 この車は乱暴(らんぼう)な使い方をされてきた（　　　）。

1 にすぎない　2 にかまわない　3 に違いない　4 に限らない

02 参加国の代表による話し合いは、7回に（　　　）行われた。

1 ついて　2 かけて　3 対して　4 わたって

03 彼には音楽の才能(さいのう)があって、ピアノ（　　　）バイオリンも上手だ。

1 ばかりに　2 といっても　3 はもちろん　4 にかけて

04 国際会議で、通訳（　　　）質問をした。

1 にわたって　2 をめぐって　3 をとおして　4 をきっかけに

05 中身(なかみ)が良くても知名度(ちめいど)がない（　　　）売れない場合がよくある。

1 うちに　2 たびに　3 ばかりに　4 とおりに

06 激しい雨が降っている（　　　）、試合は続けられた。

1 にそって　2 にもかかわらず　3 とすれば　4 をもとにして

07 詳しい内容が分からないので、聞かれても説明（　　　）がなかった。

1 するおそれ　2 しがち　3 するほど　4 しよう

08 一生懸命勉強するに（　　　）日本語がだんだんおもしろくなってきた。

1 関して　2 ついて　3 つれて　4 対して

09 日本人（　　　）入浴(にゅうよく)は生活の楽しみの一つである。

1 として　2 について　3 によって　4 にとって

10 高齢化(こうれいか)に（　　　）、介護(かいご)ビジネスが盛んになってきた。

1 そって　2 わたって　3 おいて　4 ともなって

연습문제 26

問題　次の文の（　　　）に入れるのに最もよいものを、1・2・3・4から一つ選びなさい。

01　最終電車に乗り遅れてしまった。タクシーもないし、これでは家に（　　　）。
1 帰るしかない　2 帰るものだ　3 帰りようがない　4 帰らざるをえない

02　人は年をとる（　　　）、記憶力が悪くなっていく。
1 につれて　2 からといって　3 にあたって　4 といっても

03　最近、景気の悪化（　　　）就職(しゅうしょく)が厳しくなっている現状をニュースで聞いたりするようになった。
1 にして　2 になって　3 にさきだって　4 にともなって

04　この時計は私（　　　）かけがえのない大切なものです。
1 について　2 にとって　3 につれて　4 によって

05　その提案に反対した（　　　）みんなから仲間外(なかまはず)れにされた。
1 限りに　2 ほどで　3 だけあって　4 ばかりに

06　今日の売(う)り上(あ)げの計算をしたら、5000円足りない。おつりを間違えた（　　　）。
1 にかぎる　2 ことはない　3 にちがいない　4 ものがある

07　お医者さんに酒を飲まないように言われているにもかかわらず、彼は（　　　）。
1 二度と飲まなかった　2 病気になってしまった
3 酒をやめなかった　4 飲まないだろう

08　今回の大地震(だいじしん)は、A国の首都全域(ぜんいき)に（　　　）大きな被害をもたらした。
1 わたって　2 つうじて　3 とおって　4 かけて

09　ここは有名な観光地で、休みの日（　　　）平日(へいじつ)にもにぎやかだ。
1 をとわず　2 はもとより　3 もかまわず　4 にかぎって

10　インターネット（　　　）世界中の人に情報を発信することができる。
1 を通じて　2 をもとに　3 に基づき　4 に応じて

問題　次の文の（　　　）に入れるのに最もよいものを、1・2・3・4から一つ選びなさい。

01 努力している（　　　）いい結果がでない。

1 に際して　2 にしたら　3 にもとづき　4 にもかかわらず

02 現代人（　　　）自動車は無くてはならないものになってきている。

1 を通して　2 にとって　3 といえば　4 を問わず

03 海外旅行者の増加（　　　）、現地(げんち)での犯罪(はんざい)被害も増加した。

1 もかまわず　2 をめぐり　3 からして　4 にともなって

04 数ヵ月に（　　　）交渉(こうしょう)の結果、両社は契約を結(むす)んだ。

1 わたる　2 はいる　3 おうじる　4 すぎる

05 本当のことを言った（　　　）、彼を怒(おこ)らせてしまった。

1 かぎりに　2 ところに　3 とおりに　4 ばかりに

06 こんなに探しても見つからないのだから、どこかで落とした（　　　）。

1 に限る　2 に違いない　3 にすぎない　4 にあたる

07 携帯電話が普及(ふきゅう)する（　　　）公衆(こうしゅう)電話をあまり見かけなくなった。

1 にわたって　2 につれて　3 にかけて　4 にとって

08 こんなに壊(こわ)れていては、（　　　）ようがありませんね。

1 なおし　2 なおせ　3 なおす　4 なおした

09 このアニメは子ども（　　　）大人も楽しめる。

1 としては　2 はもとより　3 にさきだって　4 にすぎず

10 書物(しょもつ)（　　　）昔の人の生活を知るのは楽しい。

1 を抜きに　2 を契機に　3 を通して　4 を問わず

총정리문제 ❸

問題1　次の文の（　　　）に入れるのに最もよいものを、1・2・3・4から一つ選びなさい。

1　台風は、速度を速めながら西日本に近づき（　　　）あります。

1 ながら　　2 ほど　　3 おそれ　　4 つつ

2　車は高い買い物だから、よく考えてからでないと（　　　）。

1 決めるかのようだ　　2 決めるべきだ

3 決められない　　4 決めた方がいい

3　以前は、休みの日によく映画を見に行った。今はそれ（　　　）、仕事に追われる毎日だ。

1 ものではない　　2 はずではない　　3 べきではない　　4 どころではない

4　農業技術の進歩により、季節（　　　）新鮮な野菜が一年中食べられるようになった。

1 にかかわらず　　2 につれて　　3 によれば　　4 にこたえて

5　学校（　　　）民間奨学金を申し込んだ。

1 をとおして　　2 をもとに　　3 にそって　　4 にしては

6　私が希望を失ったとき、あなたの優しい一言がどんなにありがたかった（　　　）。

1 ものか　　2 そうか　　3 はずか　　4 ことか

7　驚いた（　　　）、担任の先生と私の両親は中学の同級生だそうだ。

1 ばかりに　　2 ことに　　3 ように　　4 とおりに

8　京都には、学生時代に（　　　）行っていません。

1 行ったところ　　2 行ったうえで　　3 行って以来　　4 行ったらしく

9 食事は、好きなものをたくさん食べればいい（　　　）。栄養のバランスを考えていろいろな食べ物を食べたほうがよい。

1 ことになっている　　2 というものではない
3 に違いない　　4 に決まっている

10 料理学校に通っている（　　　）週に1回だけだ。

1 といっても　　2 によって　　3 というより　　4 にかわって

11 （家電製品売り場で）
客　「すみません。この掃除機、直りますか。」
店員「うーん、これはかなり古いもののようですね。残念ですが、部品がないので（　　　）。」

1 直すしかありません　　2 直してはなりません
3 直してもかまいません　　4 直しようがありません

12 彼女は結婚する（　　　）、会社をやめた。

1 において　　2 とともに　　3 によって　　4 にとって

13 このノートパソコンは値段が高い（　　　）、デザインがいいのでよく売れている。

1 のみならず　　2 にかけては　　3 にもかかわらず　　4 どころではなく

14 選手たちは応援に（　　　）、全国大会で優勝した。

1 とって　　2 こたえて　　3 先立って　　4 加えて

15 大会の開始に（　　　）、会長からごあいさつをいただきます。

1 さきだって　　2 くらべて　　3 こたえて　　4 そって

16 宅地開発が進む（　　　）、自然環境が急速に悪化している。

1 に加えて　　2 にしたがって　　3 にかかわらず　　4 に対して

17 経済が成長する（　　　）、人々の暮らしは豊（ゆた）かになっていった。

1 にもかかわらず　2 にあたって　3 にたいして　4 につれて

18 薬草（やくそう）は、医学が発達しなかった昔の人たちに（　　　）、貴重（きちょう）なものだったに違いない。

1 ついては　2 たいしては　3 つれては　4 とっては

19 いつもと違う道を歩いた（　　　）、道に迷ってしまった。

1 ばかりに　2 かぎりに　3 ところに　4 とおりに

20 あの歌手は国内（　　　）、海外でも人気がある。

1 もかまわず　2 はもちろん　3 にさきだって　4 をめぐって

問題 2　次の文の ＿★＿ に入る最もよいものを、1・2・3・4から一つ選びなさい。

21 大変 ＿＿＿ ＿★＿ ＿＿＿ ＿＿＿ パソコンが壊（こわ）れてしまった。

1 仕事で　2 困った　3 ことに　4 使っている

22 当店は、＿＿＿ ＿＿＿ ＿★＿ ＿＿＿ 種類の商品を販売（はんばい）していきます。

1 豊富（ほうふ）な　2 ニーズに　3 お客様の　4 こたえて

23 被害者の ＿＿＿ ＿＿＿ ＿★＿ ＿＿＿ 十分配慮（はいりょ）する必要がある。

1 プライバシーに　2 際しては　3 名前を　4 公表するに

24 山の向こうに ＿＿＿ ＿★＿ ＿＿＿ ＿＿＿ コーヒーを飲んだ。

1 沈（しず）みつつ　2 眺めながら　3 夕日を　4 ある

25 一口(ひとくち)に ＿＿＿ ＿★＿ ＿＿＿ ＿＿＿ 材料と味はさまざまだ。

1 それぞれの店　2 ラーメン　3 といっても　4 によって

26 貧(まず)しかった学生時代、奨学金(しょうがくきん)が ＿＿＿ ＿★＿ ＿＿＿ ＿＿＿ か。

1 こと　2 助かった　3 どれほど　4 もらえて

27 実際の ＿＿＿ ＿★＿ ＿＿＿ ＿＿＿ について知っておくべきだろう。

1 人生　2 その人の　3 インタビュー　4 に先立(さきだ)って

28 大都市では自動車が ＿＿＿ ＿＿＿ ＿★＿ ＿＿＿ きている。

1 大気汚染(おせん)も　2 深刻化(しんこくか)して　3 普及する　4 とともに

29 社会の変化 ＿＿＿ ＿＿＿ ＿★＿ ＿＿＿ 変化が見られるようになった。

1 にともなって　2 価値観(かちかん)に　3 おいても　4 人々の

30 レストランに ＿＿＿ ＿＿＿ ＿★＿ ＿＿＿ 予約を受け付けないということだった。

1 その日は　2 電話で　3 問い合わせた　4 ところ

31 気に入らない ＿＿＿ ＿★＿ ＿＿＿ ＿＿＿ 他の人にあげるのはよくないでしょう。

1 からといって　2 人から　3 もらった　4 プレゼントを

32 この神社(じんじゃ)は町の宝物(たからもの) ＿＿＿ ＿＿＿ ＿★＿ ＿＿＿ 大切に扱われてきた。

1 年月に　2 わたって　3 長い　4 として

33 せっかく友人から飲み会の誘(さそ)いがあったが、風邪で ＿＿＿ ＿＿＿ ＿★＿ ＿＿＿ なかった。

1 それ　2 体の調子が　3 悪く　4 どころでは

34 今回の事件は ＿＿＿ ＿＿＿ ＿★＿ ＿＿＿ ない。

1 お金に　　2 違い　　3 あったに　　4 関係が

35 どの大学を受けるかは ＿＿＿ ＿＿＿ ＿★＿ ＿＿＿ 決められない。

1 両親と　　2 相談してから　　3 先生や　　4 でなければ

36 日中(にっちゅう)両国の ＿＿＿ ＿＿＿ ＿★＿ ＿＿＿ 日本語を勉強する人が多くなっている。

1 交流が　　2 中国で　　3 につれて　　4 深(ふか)まる

37 できるかどうか心配だったが、＿＿＿ ＿＿＿ ＿★＿ ＿＿＿ きた。

1 自信が　　2 練習を繰り返す　　3 ついて　　4 にしたがって

38 営業所得が ＿＿＿ ＿＿＿ ＿★＿ ＿＿＿ にかかわらず申告(しんこく)が必要になります。

1 多少　　2 あった　　3 方は　　4 金額の

39 二日でこんな難しい本のレポートを書く ＿＿＿ ＿＿＿ ＿★＿ ＿＿＿ ものだ。

1 それは　　2 無理という　　3 と言われても　　4 ように

40 ＿＿＿ ＿＿＿ ＿★＿ ＿＿＿ 彼の姿勢は立派(りっぱ)としか言いようがない。

1 希望(きぼう)を　　2 困難な状況に　　3 失わない　　4 おいても

問題 3　次の文章を読んで、文章全体の内容を考えて、 41 から 50 の中に入る最もよいものを1・2・3・4から一つ選びなさい。

私は去年3月にイギリスから来日し、1年間、大学で日本語を専門的に学んでいます。ある日、私は書店で、欲（ほ）しかった本を探していました。でも、なかなか見つからないので、日本語で「すみません。こんな本を探しているんですけど」と店員に尋（たず）ねた 41 、その店員は英語で答えてきたのです。日本語で聞いているのに、なぜ英語で答える必要があったのでしょうか。きっと、私を助けようと思ってくれたのでしょう。けれども、日本語を勉強したいから日本に来たのです。留学生の立場から 42 、なるべく日本語で話したいです。

日本では「英語で話しかけなければ」という思いが強すぎると思います。外国人だから 43 、必ずしも日本語が分からないわけではありません。まず日本語で話してみてくれたらと思います。

41

1 だけに　　2 ところ　　3 からに　　4 ばかりに

42

1 いると　　2 あると　　3 すると　　4 くると

43

1 としても　　2 としたら　　3 といえば　　4 といって

先日、京都観光の 44 、世界文化遺産のお城の塀に、多くの落書きがされているのを見た。落書きを消すためには、塗り替えも必要で、建設当時の材料や技術で行うことになるだろう。その負担と労力は、大変なもの 45 。

歴史的な文化財に落書きをすることは大きな損失であり、人間として恥ずかしい行為だ。文化財に対して、もっと尊敬の気持ちを持ち、大切にしてほしい。

44

1 末　　2 際　　3 最中　　4 以降

45

1 と思えない　　2 に過ぎない

3 に違いない　　4 と言えない

先日、自転車に乗って、近所の狭い路地（ろじ）のカーブを曲がろうとした時のことだ。80 歳ぐらいのおじいさんがつえをつき、カーブの外側を歩いていた。

僕はカーブの内側を走行したが、その後、何かが不自然だと感じた。「その方は僕のために内側をあけてくれたのではないか」と思う。

高齢者に［46］、カーブの外側より内側の方が、ずっと歩きやすいはずだ。［47］、現実には、道の外側を歩かざるを得ない圧力（あつりょく）を自転車に感じて、譲（ゆず）ってしまうのではないか、と思った。

高齢化社会が進む［48］、福祉（ふくし）施設を充実させるなど、高齢者対策の事業を推進（すいしん）するのは重要なことだ。しかし、そうした対策や事業だけではなく、一人ひとりが高齢者に対する考えや行動を見直す必要もあるのではないだろうか。

46

1 とっては　　2 ついては　　3 よっては　　4 つれては

47

1 それにそって　　2 そのおかげで
3 それにもかかわらず　　4 それをもとにして

48

1 にともない　　2 に反し　　3 にわたって　　4 に比べて

私は4月から新社会人として働き始め、片道(かたみち)約2時間かけて、電車で通勤している。先日、帰宅途中に電車が急に停車し、乗客は30分以上 [49] そのまま止まった状態となり、具合が悪くなる人もいた。はっきりした原因の説明もないまま放置されると、不安を感じるものだ。そうした気持ちに配慮した対応をしてほしかった。

何かの事情があったのかもしれないが、だからといってこの電車のような無責任な対応はしてはならないと思う。人に対する思いやりの気持ちを持ち続けること。それが責任ある [50] 。

49

1 につれて　　2 にわたって　　3 にともなって　　4 にもかかわらず

50

1 運転手であるに違いないから

2 乗客というものだから

3 会社といわざるをえないから

4 社会人というものなのだから

PART4

학습 우선도로 나눈 N2 능시문법

091-120

091 ～あげく ~한 끝에

092 ～一方(いっぽう)(で) ~하는 한편(으로)

093 ～うる / ～えない ~할 수 있다 / ~할 수 없다

094 ～かけ ~하다 만 상태임, ~하던 도중임

095 ～がたい ~하기 어렵다, ~하기 힘들다

096 ～か～ないかのうちに ~하자마자

097 ～からいうと・～からいって ~로 보아

098 ～からして ~부터가

099 ～からみると・～からみれば ~로 보아

100 ～かわりに ~대신에

101 ～くせに ~한 데도, ~한 주제에

102 ～ことなく ~하지 않고, ~하는 일 없이

103 ～ことになっている ~하기로 되어 있다

104 ～最中(さいちゅう)に 한창 ~일 때

105 ～上(じょう) ~상, ~상으로

106 ～せいだ / ～せいで / ～せいか ~탓이다 / ~탓에 / ~탓인지

107 ～てしょうがない ~해서 견딜 수 없다, 너무 ~하다

108 ～どころか ~은커녕, ~은 물론

109 ～ないことには ~하지 않고서는

110 ～につき ① ~이므로〈원인〉 ② ~당〈단위의 기준〉

111 ～に基(もと)づいて ~에 근거하여

112 ～ばかりか・～ばかりでなく ~뿐만 아니라

113 ～はともかく ~은 어쨌든, ~은 그렇다치고

114 ～反面(はんめん) ~반면

115 ～ほかない ~할 수밖에 없다

116 ～ものだ ① ~한 법이다 ② ~하곤 했다 ③ (정말) ~로구나

117 ～ものだから ~하기 때문에, ~해서

118 ～ものなら ~할 수만 있다면

119 ～ものの ~하지만

120 ～をきっかけに ~을 계기로

MEMO

091

～あげく ▶ ~한 끝에

접속 동사의 た형＋あげく, 명사＋の＋あげく

의미 오랜 시간 이것저것 해 보았다는 의미로, 뒷문장에 나쁜 결과나 유감스런 결과가 오는 경우가 많다.

- 彼は親とけんかしたあげく、家を出て行ってしまった。
- 彼はお酒をたくさん飲んだあげく騒ぎ出した。
- 悩みのあげく、今の会社を辞めることにした。

092

～一方(で) ▶ ~하는 한편(으로)

접속 동사･い형용사･な형용사의 명사수식형＋一方(で), 명사＋の＋一方(で)
(다만, な형용사와 명사는「な형용사의 어간･명사＋である」도 사용함)

1. 대조

의미 그것과 동시에 대조적인 다른 측면이 있다는 의미를 나타낼 때 사용한다.

- 車は便利である一方で、大気汚染や交通事故のもとにもなっている。
- この国は天然資源が豊かである一方で、それを活用できるような技術がない。

2. 병행

의미 어떤 일을 하는 것과 병행하여 다른 일도 한다고 말할 때 사용한다.

- 彼は勉強する一方で、土日はアルバイトをしてお金をためている。
- 音楽家の石原さんは、作曲活動の一方で小説の執筆も行っている。

MEMO

093

～うる / ～えない ▶ ～할 수 있다 / ～할 수 없다

접속 동사의 ます형+うる/えない

의미 어떤 일을 하는 것이 가능하거나 불가능하다는 의미를 표현한다.

- あの会社の倒産(とうさん)は十分(じゅうぶん)ありうることだった。
- 彼のとった態度は、わたしには十分理解しうるものだった。
- 正直者(しょうじきもの)の彼がうそをついているなんて、ありえない。

094

～かけ ▶ ～하다 만 상태임, ～하던 도중임

접속 동사의 ます형+かけ, 동사의 ます형+かけの+명사

의미 무언가가 시작되어 아직 끝나지 않은 상태를 나타낸다.

- 友だちから借(か)りた本はまだ読みかけだ。
- テーブルの上に食べかけのケーキがおいてある。
- 彼は仕事をやりかけのまま出かけたようだ。

MEMO

095

～がたい ▶ ～하기 어렵다, ～하기 힘들다

접속 동사의 ます형＋がたい

의미 '받아들이기 곤란하다'는 심정적인 측면을 주로 나타낸다.

・彼はさっきからすごく怒(おこ)っているみたいなので、何だか近寄(ちかよ)りがたい。

・あの元気な山口(やまぐち)さんが病気になるなんて信じがたいことです。

・3ヶ月間の入院生活は私にとって耐(た)えがたい苦(くる)しみだった。

096

～か～ないかのうちに ▶ ～하자마자, ～하기가 무섭게

접속 동사의 사전형＋か＋동사의 ない형＋ないかのうちに

의미 하나의 일이 끝나기가 무섭게 다른 일이 바로 뒤를 이어 발생한다는 의미를 나타낸다.

・彼は、授業が終わるか終わらないかのうちに、教科書(きょうかしょ)をかたづけはじめた。

・一つの問題が解決(かいけつ)するかしないかのうちに、次々と新しい問題が起こってくる。

・彼はよほど疲れていたのか、布団(ふとん)に入るか入らないかのうちに、眠(ねむ)ってしまった。

MEMO

097

～からいうと・～からいって ▶ ～로 보아, ～에서 보면

접속 명사＋からいうと・からいって

의미 화자가 무언가를 판단하는 근거를 제시하는 표현이다.

- 教える立場(たちば)から言うと、成績ではなくやる気の有無(うむ)が大切だ。
- 祖父(そふ)の現在の健康(けんこう)状態からいって長期(ちょうき)の旅行は無理だろう。
- 現状(げんじょう)から言って、ただちにその計画を実行するのは無理でしょう。

098

～からして ▶ ～부터가

접속 명사＋からして

의미 하나의 예를 들어 다른 것도 당연히 그러하다는 느낌을 나타낼 때 사용한다.

- 山田さんの提案(ていあん)は、その発想(はっそう)からしておもしろい。
- 彼は見た目からしてかなりの金持(かねも)ちらしい。
- このアンケートは調査(ちょうさ)方法からして、問題がある。

MEMO

099

～からみると・～からみれば ▶ ～로 보아, ～로 보면

접속 명사＋からみると・からみれば

의미 어떠한 측면으로부터 무언가를 판단하는 근거를 제시하는 표현이다.

- この成績からみると、彼女は今度の試験に合格(ごうかく)するに違いない。
- 外国人の目から見ると、日本人はいつも忙しがっているらしい。
- あなたからみればどうでもいいことでも、私にとっては重大(じゅうだい)なことなのです。

100

～かわりに ▶ ～대신에

접속 동사·い형용사·な형용사의 명사수식형＋かわりに, 명사＋の＋かわりに

의미 사람, 행동, 조건 등의 어떠한 대상을 대리하거나 대신하는 경우에 사용한다.

- いい天気なので、バスに乗るかわりに歩いて家まで帰ることにした。
- この部屋(へや)は駅から遠いかわりに、家賃(やちん)が安い。
- 社長の代(か)わりに山田部長が会議(かいぎ)に出ることになった。

연습문제 ㉘

問題　次の文の（　　　）に入れるのに最もよいものを、1・2・3・4から一つ選びなさい。

01　彼女は女優（じょゆう）として活躍する（　　　）、小説家としても素晴（すば）らしい作品を残している。
1 だけで　2 つつも　3 一方で　4 次第で

02　モデル出身の彼女は、着ている洋服（　　　）普通の人とは違う。
1 からこそ　2 からして　3 だけに　4 といっても

03　8時になるか（　　　）かのうちに、店のシャッターが閉まりはじめた。
1 ならない　2 なり　3 なる　4 なって

04　彼女の性格（　　　）、何も言わず会を欠席するはずがない。何か事故でもあったのではないだろうか。
1 から言って　2 だけでなく　3 とは言って　4 どころか

05　電車の発車（はっしゃ）ベルが鳴（な）り出（だ）したので、急いで（　　　）ドアに飛び込んだ。
1 閉まりぬいた　2 閉まりきった　3 閉まりがちの　4 閉まりかけの

06　あのまじめな彼が親友を裏切（うらぎ）るなんて、（　　　）ことだ。
1 信じない　2 信じたい　3 信じがたい　4 信じてしょうがない

07　レポートを手伝った（　　　）、食事をごちそうしてもらった。
1 ぐらいに　2 とおりに　3 ばかりに　4 かわりに

08　彼女の様子（　　　）、テストの結果はよかったに違いない。
1 からには　2 からみると　3 におうじて　4 にかかわらず

09　彼はギャンブルに夢中（むちゅう）になった（　　　）、全財産を失ってしまった。
1 おかげで　2 ものの　3 ながらも　4 あげく

10　一年間日本語を勉強すれば、これぐらいの本は十分（　　　）はずだ。
1 読んだことがない　2 読みかねない　3 読みうる　4 読まざるをえない

問題　次の文の（　　　）に入れるのに最もよいものを、1・2・3・4から一つ選びなさい。

01　このまま不況(ふきょう)が続いたら、会社が倒産(とうさん)することもあり（　　　）。

1 ぬく　2 かねる　3 うる　4 きる

02　ライバル社の売(う)り上(あ)げが増加する（　　　）、わが社の売り上げは減少(げんしょう)している。

1 ついでに　2 つつ　3 半分　4 一方で

03　親（　　　）行儀(ぎょうぎ)が悪いのだから、子供がきちんとできるわけがない。

1 からといって　2 にもかかわらず　3 からして　4 からには

04　その仕事はまだやり（　　　）です。今日中にやっておきます。

1 まま　2 がち　3 かけ　4 つつ

05　どの製品を買ったらよいか、なかなか一つには（　　　）。

1 決めかねない　2 決めがたい　3 決めるしかない　4 決めてならない

06　いろいろな店を回った（　　　）、何も買わないで帰ってきてしまった。

1 あげく　2 ことに　3 ほかに　4 かぎり

07　食生活は豊かになったと言われるが、栄養面（　　　）、偏(かたよ)っていることも多い。

1 からいうと　2 にもとづいて　3 をもとにして　4 にともなって

08　私（　　　）、彼女はあらゆる才能に恵(めぐ)まれているように思える。

1 にしては　2 にするなら　3 からには　4 からみると

09　インターネット電話とは、電話回線の（　　　）インターネットの回線を使う電話サービスです。

1 かわりに　2 とおりに　3 あげく　4 あまり

10　首相が登場（　　　）、拍手が起こった。

1 したのもかまわず　2 するかしないかのうちに

3 したにしては　4 したものの

91-100 연습문제 30

問題　次の文の（　　　）に入れるのに最もよいものを、1・2・3・4から一つ選びなさい。

01 収入(しゅうにゅう)が減る（　　　）、支出(ししゅつ)は増えていくのだから、節約しなければならない。

1 だけで　　2 おかげで　　3 ことで　　4 一方で

02 朝、息子はあいさつが終わるか（　　　）のうちに玄関(げんかん)を飛び出していった。

1 終わろうか　　2 終わっているか　　3 終わらないか　　4 終わるまいか

03 もうすぐ会議が始まるというのに、資料（　　　）まだ準備ができていない。

1 からいって　　2 からには　　3 からして　　4 からといって

04 納税者(のうぜいしゃ)の立場（　　　）、税金は国民のために使ってほしい。

1 にもとづいて　　2 からいうと　　3 だけあり　　4 につき

05 彼は進路について悩んだ（　　　）、結局親の仕事を継(つ)ぐことにした。

1 反面　　2 以上　　3 あげく　　4 とたん

06 この成績から（　　　）、彼が勉強のよくできる生徒だったことが分かる。

1 見るより　　2 みると　　3 には　　4 といって

07 雑誌を読み（　　　）のまま、眠ってしまった。

1 きり　　2 かけ　　3 通し　　4 最中

08 生まれて初めての海外旅行だったので、それは（　　　）思い出になった。

1 忘れたい　　2 忘れかねない　　3 忘れがたい　　4 忘れうる

09 雨が降っていたから、散歩に行く（　　　）家で本を読んだ。

1 うえに　　2 からには　　3 かわりに　　4 ことに

10 仲(なか)の悪いあの二人が結婚することは（　　　）。

1 あるかもしれない　　2 あったりする　　3 ありがちだ　　4 ありえない

MEMO

101

～くせに ▶ ~한 데도, ~한 주제에

접속 동사의 보통형/い형용사의 기본형＋くせに,
な형용사의 어간＋な＋くせに, 명사＋の＋くせに

의미 「～のに」에 가까운 의미로서 주로 주어로 등장하는 사람을 비난할 때 사용한다.

- 約束は必(かなら)ず守ると言ったくせに、彼は約束の場所に来なかった。
- 何も知らないくせに、余計(よけい)なことを言わないでください。
- 彼女は料理が下手(へた)なくせに、人の料理をまずいと言う。

102

～ことなく ▶ ~하지 않고, ~하는 일 없이

접속 동사의 사전형＋ことなく

의미 「～ことなく」의 앞에 오는 동작을 하지 않는다는 것을 강조하는 표현이다.

- 野村(のむら)さんは20年間休むことなく会社に勤(つと)めた。
- 失敗を恐(おそ)れることなく、挑戦(ちょうせん)してほしい。
- 卒業してからも私たちの友情(ゆうじょう)は変わることなく続いていくだろう。

MEMO

103

～ことになっている ▶ ～하기로 되어 있다

접속 동사의 사전형＋ことになっている

의미 약속이나 규칙을 나타내는 표현이다.

・午後の会議は2時から始まることになっている。

・明日鈴木(すずき)さんに会うことになっている。

・中村(なかむら)先生の授業では、毎週レポートを出すことになっている。

104

～最中(さいちゅう)に ▶ 한창 ~일 때

접속 동사의 て형＋いる＋最中に, 명사＋の＋最中に

의미 무언가가 진행되고 있는 상태를 강조하여 나타낸다.

・会議をしている最中(さいちゅう)に、携帯(けいたい)電話が鳴(な)った。

・勉強している最中に、だれかが玄関(げんかん)に来た。

・試合(しあい)の最中に突然(とつぜん)雨が降り出した。

MEMO

105

～上(じょう) ▶ ～상, ～상으로

접속 명사+上

의미 어떠한 측면이나 관점에서 무언가를 판단할 때 사용하는 표현이다.

- それは理論上(じょう)、不可能(ふかのう)である。
- この町には歴史(れきし)上、有名な建物がたくさんある。
- 個人(こじん)情報をかってに公表することは、法律(ほうりつ)上認められていない。

106

～せいだ / ～せいで / ～せいか ▶ ～탓이다 / ～탓에 / ～탓인지

접속 동사·い형용사·な형용사의 명사수식형＋せいだ/せいで/せいか,
명사＋の＋せいだ/せいで/せいか

의미 그것이 원인이 되어 좋지 않은 결과가 되었다는 것을 나타낸다.

- 会議に遅れたのは、道が込(こ)んでいたせいだ。
- 寝不足(ねぶそく)のせいで仕事の能率(のうりつ)が上がらない。
- 今年は気温が高いせいか、冬になってもなかなか雪が降らない。

MEMO

107

～てしょうがない ▶ ～해서 견딜 수 없다, 너무 ～하다

접속 동사・い형용사・な형용사의 て형＋しょうがない

의미 그러한 느낌을 참을 수 없다는 의미로, 감정이나 감각을 강조하려는 의도에서 사용하는 표현이다.

・お腹(なか)がすいてしょうがない。

・久しぶりに国に帰ることになり、うれしくてしょうがない。

・自分の不注意(ふちゅうい)でこんなことになってしまって、残念でしょうがない。

108

～どころか ▶ ～은커녕, ～은 물론

접속 동사・い형용사의 보통형/な형용사의 어간・명사＋どころか

1. ～은커녕, ～은 물론 〈정도의 강조〉

의미 앞에서 말한 것은 물론이고 그것보다 정도가 더하거나 덜하다는 것을 나타낸다.

・母は車の運転(うんてん)どころか、自転車にも乗れません。

・この製品(せいひん)はアジアどころかアフリカにまで輸出(ゆしゅつ)されている。

2. ～은커녕 〈반대 상황〉

의미 앞의 내용과 실제로는 반대라는 점을 나타낸다.

・風邪(かぜ)はよくなるどころか、ますます悪くなってきた。

・せっかく手伝ってあげたのに、彼女は感謝(かんしゃ)するどころか迷惑(めいわく)そうな顔をした。

MEMO

109

～ないことには ▶ ～하지 않고서는, ～하지 않으면

접속 동사·い형용사·な형용사의 ない형＋ないことには
(동사의 ない형/い형용사 －く/な형용사－で/명사－で)

의미 그런 상황 없이는 뒤의 상황이나 동작이 이루어질 수 없다는 의미를 나타낸다.

・基礎(きそ)からしっかり勉強しないことには、上手になるはずがない。

・人気作家(さっか)の作品でも、おもしろくないことには売れるはずがない。

・体が丈夫でないことには、この仕事はできないだろう。

110

～につき ▶ ① ～이므로 ② ～당

접속 명사＋につき

1. ～이므로 〈원인〉

의미 어떠한 통지나 안내를 하는 이유나 원인을 나타내는 문장체 표현이다.

・人気商品につき、品切(しなぎ)れの場合があります。

・昼休(ひるやす)みにつき、事務所は1時まで休みです。

2. ～당 〈단위의 기준〉

의미 「～につき」 앞에 오는 내용을 기준으로, 어느 정도의 비용이나 시간이 소요되는지를 나타낼 때 사용한다.

・バイト代(だい)は、深夜(しんや)は1時間につき、1000円です。

・飲み会の会費(かいひ)は一人につき3000円です。

연습문제 31

問題　次の文の（　　　）に入れるのに最もよいものを、1・2・3・4から一つ選びなさい。

01 だれでも努力（どりょく）（　　　）、成功することはできない。

1 ことなく　2 してなく　3 することなく　4 するなく

02 今、試験の（　　　）ですので、学生の呼（よ）び出（だ）しはできません。

1 上　2 真上　3 最中　4 中

03 電車が遅れた（　　　）、約束に間に合わなかった。

1 わりに　2 のに　3 次第で　4 せいで

04 彼女は彼が好きな（　　　）、彼に対して冷（つめ）たくする。

1 せいに　2 うえに　3 くせに　4 ものに

05 この辺は車の通りが多いので、（　　　）しょうがない。

1 うるさい　2 うるさければ　3 うるさくなく　4 うるさくて

06 アジアの国々は外交（　　　）の問題をたくさん抱（かか）えている。

1 一方　2 上　3 以上　4 以来

07 景気が悪くてボーナス（　　　）毎月の給料も減ってしまうかも知れない。

1 はずか　2 ことか　3 どころか　4 ものか

08 現在、工事中（　　　）ご迷惑をおかけしております。

1 にとって　2 につき　3 もかまわず　4 の末に

09 台風による被害（ひがい）状況が分からないことには、（　　　）。

1 対策を立てている最中だ　2 対策はすでに立てられた

3 対策は立てられない　4 いい対策が立てられるはずだ

10 土曜日の午後7時から田中さんの誕生（たんじょう）パーティーが行われる（　　　）。

1 ものになっている　2 というものでもない

3 というべきである　4 ことになっている

101-110 연습문제 ㉜

問題　次の文の（　　）に入れるのに最もよいものを、1・2・3・4から一つ選びなさい。

01 法律(ほうりつ)では未成年(みせいねん)者にたばこを販売してはいけない（　　）。

1 ことではない　　2 ことになっている

3 とさせられている　　4 かもしれない

02 今、（　　）最中だから、少し静かにしてください。

1 考えている　　2 考えた　　3 考え　　4 考えて

03 祖父(そふ)は酒が大好きで、毎日欠(か)かす（　　）お酒を飲んでいる。

1 ことなく　　2 ものなら　　3 どころか　　4 ぬきに

04 この機械(きかい)は、分解(ぶんかい)して（　　）ことには直(なお)せるかどうか分かりません。

1 みる　　2 みない　　3 みよう　　4 みた

05 このドラマは子どもの教育（　　）あまりよくない。

1 上　　2 次第　　3 最中　　4 以上

06 主人は、家のことは何もしない（　　）、あれこれ文句(もんく)ばかり言うんですよ。

1 せいで　　2 ばかりに　　3 くせに　　4 ものを

07 疲れている（　　）、何を食べてもおいしくない。

1 せいか　　2 にしては　　3 からには　　4 くせに

08 今年の春は、仕事が忙しくてお花見（　　）、休みもとれないぐらいだった。

1 どころか　　2 ものなら　　3 ことなく　　4 ばかりか

09 包装(ほうそう)はお一つに（　　）100円で行っております。

1 とって　　2 つき　　3 わたり　　4 かけ

10 運転中、眠くて（　　）ときは、ガムを噛(か)むといい。

1 なんでもない　　2 違いない　　3 しょうがない　　4 ほかならない

101-110 연습문제 33

問題　次の文の（　　　）に入れるのに最もよいものを、1・2・3・4から一つ選びなさい。

01　デパートで買い物をしている（　　　）に財布を盗(ぬす)まれてしまった。

1 真ん中　　2 なか　　3 最中　　4 一方

02　あのチームは1点もとられる（　　　）、決勝(けっしょう)まで進んだ。

1 ものなく　　2 ことなく　　3 ほどなく　　4 わけなく

03　この会社では社員は年に一度健康診断(しんだん)を（　　　）。

1 受けるにちがいない　　2 受けるとはかぎらない

3 受けようとしている　　4 受けることになっている

04　この製品は国内（　　　）遠い南米(なんべい)にまで輸出されている。

1 といっても　　2 どころか　　3 によっては　　4 にもかかわらず

05　この辺は、交通が（　　　）せいか、家賃(やちん)が安い。

1 便利な　　2 不便で　　3 不便な　　4 便利で

06　帰国と決まったら、早く家族に（　　　）。

1 会いたいにほかならない　　2 会いたいにすぎない

3 会いたくてしょうがない　　4 会うまい

07　妹は母の作った料理に文句(もんく)ばかり言っている（　　　）、自分では何も作らない。

1 おかげで　　2 つもりで　　3 くせに　　4 ばかりに

08　本日火曜日は定休日（　　　）、休業させていただきます。いつもありがとうございます。

1 にとり　　2 につき　　3 にかけ　　4 にくらべ

09　とにかく本人から事情を聞かない（　　　）、何も分からないだろう。

1 ことでは　　2 ことには　　3 ものには　　4 ものでは

10　現代人はさまざまな要因(よういん)によって生活（　　　）の問題をたくさん抱(かか)えるようになった。

1 次第　　2 一方　　3 上　　4 最中

MEMO

111

～に基づいて ▶ ～에 근거하여

접속 명사＋に基づいて

의미 제시된 내용을 근거로 하여 어떠한 동작이나 상황이 발생할 때 사용한다.

・これまでの調査にもとづいてレポートをまとめた。

・長年の経験に基づいて生徒を指導する。

・結婚は両者の合意に基づいて行われるものだ。

112

～ばかりか・～ばかりでなく ▶ ～뿐만 아니라

접속 동사의 보통형/い형용사・な형용사의 명사수식형/명사＋ばかりか・ばかりでなく
(다만, な형용사와 명사는 「な형용사의 어간・명사＋である」를 사용하기도 함)

의미 그것뿐 아니라 다른 것도 더 있다는 추가의 의미를 강조하는 문형이다. 「～ばかりか・～ばかりでなく」의 뒤에 오는 내용을 강조하고 싶을 때에 사용한다.

・彼は、言葉ばかりか態度も生意気である。

・彼は仕事に熱心であるばかりかボランティア活動も積極的にしている。

・今の仕事は自分の専門知識を生かせないばかりでなく給料も安い。

MEMO

113

～はともかく ▶ ～은 어쨌든, ～은 그렇다치고

접속 명사＋はともかく

의미 앞에 제시된 내용보다도 뒤에 제시된 내용에 중점을 두어 강조하는 표현이다.

- この店の料理は味はともかく、値段(ねだん)は安い。
- 費用(ひよう)のことはともかく、旅行先(さき)を決める方が先だ。
- この店は、周りの環境(かんきょう)はともかく、駅が遠いので不便だ。

114

～反面(はんめん) ▶ ～반면

접속 동사·い형용사·な형용사의 명사수식형＋反面, 명사＋の＋反面
(다만, な형용사와 명사는 「な형용사의 어간·명사＋である」를 사용하기도 함)

의미 문장 앞 부분에 제시된 것은 사실이지만 그와 다른 측면도 있다는 것을 나타낸다.

- この薬は、よく効(き)く反面(はんめん)、副作用(ふくさよう)も強いので、注意が必要である。
- 斉藤(さいとう)先生は 優しい反面、厳(きび)しいところもある。
- インターネットは便利な反面、多くの危険性(きけんせい)を持っている。

MEMO

115

～ほかない ▶ ～할 수밖에 없다

접속 동사의 사전형＋ほかない

의미 그렇게 하는 것 외에는 방법이 없다는 의미를 나타낸다. 「～ほかはない・～よりほか(は)ない」도 같은 의미를 나타낸다.

- 雨がふっているので、今日の遠足(えんそく)は延期(えんき)するほかない。
- 自分が悪いのだから、謝(あやま)るほかはない。
- 海外旅行には行きたいが、お金がないからあきらめるよりほかはない。

116

～ものだ ▶ ① ～한 법이다 ② ～하곤 했다 ③ (정말) ～로구나

다음과 같은 다양한 의미를 지니고 있는 표현이므로, 표현 의도에 유의하도록 한다.

1. ～한 법이다 〈당연, 상식〉

접속 동사·い형용사·な형용사의 명사수식형＋ものだ

의미 당연한 일이나 상식이라고 생각된다는 것을 말할 때에 사용한다.

- 地震(じしん)のときは、だれでもあわてるものだ。
- 苦労して体験(たいけん)したことは、なかなか忘れないものだ。

2. ～하곤 했다, ～했었지 〈과거의 회상〉

접속 동사·い형용사·な형용사의 た형＋ものだ

의미 과거의 상태나 자주 있었던 일을 회상하며 말하는 표현이다.

- 小さい頃(ころ)、よく弟とけんかをしたものだ。
- 昔はよく映画を見たものだ。

MEMO

3. (정말) ~로구나, (정말) ~하구나 〈감정의 강조〉

접속 동사·い형용사·な형용사의 명사수식형＋ものだ

의미 그러한 희망이나 감상 등이 강하게 느껴진다는 감정을 강조한다.

・温泉(おんせん)は、何度来てもいいものですね。

・今年こそ日本語能力試験に合格(ごうかく)したいものだ。

117

～ものだから ▶ ~하기 때문에, ~해서

접속 동사·い형용사·な형용사의 명사수식형＋ものだから,
명사＋の/な＋ものだから

의미 정중하게 이유를 설명하거나 변명을 하는 경우에 주로 사용한다. 회화에서는 「～もんだから」 문장끝에서는 「～もん」으로 사용하기도 한다.

・昨日はとても疲れていたものだから、食事もしないで寝てしまった。

・駅まで遠かったもんだから、タクシーに乗りました。

・彼の中国語(ちゅうごくご)があまりにも自然なものだから、てっきり中国人だと思ったら日本人だった。

MEMO

118

～ものなら ▶ ～할 수만 있다면

접속 동사의 가능형 ＋ものなら

의미 실현이 어려운 일을 희망할 때 사용하는 표현이다. 「できるものなら(할 수만 있다면)」이라는 표현으로 기억해두면 좋다.

・帰れるものなら、今すぐ国へ帰りたい。

・あの日の記憶(きおく)を消(け)せるものなら消してしまいたい。

・行けるものならヨーロッパへ行って見たい。

119

～ものの ▶ ～하지만

접속 동사・い형용사의 보통형＋ものの, な형용사의 어간＋な＋ものの, 명사＋である＋ものの

의미 어떠한 일에 대한 객관적 사실을 서술한 후, 그것으로 예상되는 상황과는 다른 일이 발생하는 역접의 의미를 나타낸다. 「～けれども」「～のに」 등의 의미와 비슷하다.

・今週中に報告書(ほうこくしょ)を書くとは言ったものの、とても書けそうもない。

・この電球(でんきゅう)は価格は安いものの、寿命(じゅみょう)が短いのであまりメリットがない。

・この鉄道(てつどう)会社(がいしゃ)の新しい路線は便利なものの運賃(うんちん)が高い。

MEMO

120

～をきっかけに ▶ ～을 계기로

접속 명사＋をきっかけに

의미 어떤 일이 시작되는 원인이나 동기를 나타내며, 뒤에는 변화된 내용이나 결과가 온다.

・日本旅行をきっかけに日本文化に関心を持つようになった。

・テレビ番組(ばんぐみ)で紹介されたことをきっかけに商品が大ヒットした。

・彼は、会社をやめたのをきっかけに独立(どくりつ)して店を出すことにした。

111-120 연습문제 34

問題　次の文の（　　　）に入れるのに最も よいものを、1・2・3・4から一つ選びなさい。

01 最近、体力（　　　）食欲も落ちてきた。

1 というより　　2 ばかりでなく　　3 のおかげで　　4 について

02 この家は場所（　　　）、家族４人で住むには狭すぎる。

1 のくせに　　2 に先立ち　　3 はともかく　　4 のおかげで

03 この花は寒さには非常に強い（　　　）、暑さに弱い性質があります。

1 かぎりに　　2 反面　　3 ほかなく　　4 ばかりか

04 電車もバスもないから歩いて帰る（　　　）。

1 うえはない　　2 ほどはない　　3 ことはない　　4 ほかはない

05 自分の名前を呼ばれたら、すぐに返事をする（　　　）。

1 とおりだ　　2 ものだ　　3 ことはない　　4 つもりだ

06 借金を（　　　）ものなら返したいが、今そんな大金は持っていない。

1 返せる　　2 返す　　3 返そう　　4 返したい

07 通訳の仕事を引き受けたものの、（　　　）。

1 できるにきまっている　　2 できるかどうか自信がない

3 できるに違いない　　4 うまくいくはずだ

08 前から欲しかった本がやっと手に入った（　　　）、徹夜して最後まで読んでしまった。

1 ものの　　2 ものだから　　3 ものなら　　4 ものでも

09 彼の発言を（　　　）、社内の不正の実態が明らかになった。

1 こめて　　2 めぐって　　3 はじめ　　4 きっかけに

10 この計画に（　　　）進めていけば、きっとうまくいきますよ。

1 反して　　2 基づいて　　3 限って　　4 対して

연습문제 35

問題　次の文の（　　）に入れるのに最もよいものを、1・2・3・4から一つ選びなさい。

01 彼は英語（　　）、フランス語やスペイン語も話せるそうだ。

1 ばかりか　2 しか　3 しだい　4 あげく

02 頭がいいかどうかは（　　）、やる気があるかどうかが問題だ。

1 あいにく　2 あくまで　3 ともかく　4 なにしろ

03 このガラスは熱に強い（　　）、割(わ)れやすい。

1 あげく　2 反面　3 おかげで　4 せいか

04 この病気を治すには、手術するより（　　）。

1 べきではない　2 ほどだ　3 ことはない　4 ほかない

05 子どものときは、暗くなるまで外で（　　）ものだ。

1 遊び　2 遊ぼう　3 遊ぶ　4 遊んだ

06 この料理、自分で作れる（　　）作ってみたいですね。

1 ものに　2 もので　3 ものなら　4 ものは

07 今週は読書をしようと本を買った（　　）、いろいろな約束が入ってくるので
なかなか読めない。

1 ことから　2 ことだから　3 ものだから　4 ものの

08 この映画は、本当にあった事件に（　　）作られたらしい。

1 したがって　2 基づいて　3 比べて　4 応じて

09 病気で入院したの（　　）、健康に注意するようになった。

1 ばかりか　2 をきっかけに　3 を除いて　4 もかまわず

10 子どもがあまりに楽しみにしていた（　　）、旅行に行けなくなったことをなかなか
言い出せなかった。

1 ばかりか　2 ためか　3 からして　4 ものだから

연습문제 ㊱

問題　次の文の（　　　）に入れるのに最もよいものを、1・2・3・4から一つ選びなさい。

01 彼は成績がよい（　　　）性格もいい立派（りっぱ）な学生だ。

1 せいで　2 どころか　3 ばかりか　4 だけあって

02 パーティーにだれを招待するか（　　　）会場だけは早めに予約しておいたほうがいいよ。

1 につけ　2 はともかく　3 にしては　4 のもとで

03 一人暮らしは自由な（　　　）、将来への不安もある。

1 反面　2 部分　3 反対　4 半分

04 新しいかばんが買いたいけれど、お金がないから（　　　）ほかない。

1 あきらめ　2 あきらめる　3 あきらめて　4 あきらめない

05 新入社員の川田（かわだ）君はよく遅刻する。本当に困った（　　　）。

1 からだ　2 むけだ　3 ためだ　4 ものだ

06 楽しかったあのころに戻れる（　　　）戻りたい。

1 そうなら　2 ほどなら　3 ものなら　4 はずなら

07 ストーブを買った（　　　）、今年の冬は暖かくてほとんど使っていない。

1 ことに　2 ものだから　3 ものの　4 ことが

08 会議では面接調査に（　　　）資料を使って発表が行われた。

1 つれた　2 際した　3 反した　4 もとづいた

09 島田（しまだ）さんはパーティーで一人の女性に出会ったのを（　　　）、彼女と付き合うようになったという。

1 きっかけに　2 問わず　3 はじめ　4 もとに

10 まさお「どうして遅刻したの。」
やすこ「目覚（めざ）まし時計（どけい）が壊（こわ）れていた（　　　）。」

1 ことだから　2 ものなのに　3 ことなのに　4 ものだから

총정리문제 ❹

問題１　次の文の（　　　）に入れるのに最もよいものを、１・２・３・４から一つ選びなさい。

1　電子メールは、便利な（　　　）、社内の情報を簡単に社外（しゃがい）に持ち出せてしまうという危険な面も持っている。

1 もとより　2 ともかく　3 うちに　4 反面

2　いろいろ悩んだ（　　　）、進学はあきらめることにした。

1 あげく　2 だけに　3 くせに　4 ついでに

3　A：「この本、お借（か）りしてもいいですか。」
B：「あっ、それ、まだ（　　　）なんです。読み終わったらお貸（か）ししますよ。」

1 読みかけ　2 読みしだい　3 読み以来　4 読みながら

4　調査結果に（　　　）、論文を書いた。

1 とって　2 つれて　3 もとづいて　4 ともなって

5　友だちとの約束では、９時までに学校の正門（せいもん）の前に（　　　）。

1 集まるにきまっている　2 集まるに違いない
3 集まろうとしている　4 集まることになっている

6　現代社会は物質（ぶっしつ）的に豊かになった（　　　）で、失われてしまったものも多い。

1 片方　2 半分　3 一方　4 次第

7　彼は野球（　　　）、スキーも水泳も上手なんです。

1 ばかりでなく　2 ばかりに　3 ばかりで　4 ばかりなら

8　友人から葉書をもらったが、忙しいので、葉書を出す（　　　）メールで済ませた。

1 とおりに　2 わりに　3 かわりに　4 のみならず

9 スケジュールがつまっているが、一週間ぐらい旅行に行ける（　　　）行ってみたい。

1 ことから　2 からには　3 ものなら　4 とともに

10 最近パソコン作業が多くなったせいか、肩がこって（　　　）。

1 しょうがない　2 ちがいない　3 やむを得ない　4 よりほかない

11 当社のガスの基本料金は1ヶ月（　　　）、860円となっております。

1 につけ　2 につき　3 にとり　4 により

12 彼は歌が下手な（　　　）、カラオケで歌うのが好きだ。

1 ことだから　2 おかげで　3 くせに　4 ものだから

13 雨が降らない（　　　）、野菜の値段（ねだん）が高い。

1 おかげで　2 からみて　3 ながら　4 せいか

14 これが現在の技術力で作り（　　　）最高の製品です。

1 かねる　2 がたい　3 うる　4 えない

15 うちの収入（　　　）、学費（がくひ）の高い私立大学に行くのは無理だ。

1 だけあって　2 をもとにして　3 にさきだって　4 からいって

16 自分の傘（かさ）とよく似ていた（　　　）、間違って友だちのを持ってきてしまった。

1 ものだが　2 ものだから　3 ものなのに　4 ものの

17 友だちが集まって、みんなでおしゃべりするのは楽しい（　　　）。

1 ほかだ　2 ほうだ　3 ものだ　4 せいだ

18 あの教授の理論は前提（ぜんてい）（　　　）間違っている。

1 とおりに　2 からして　3 におうじて　4 をとわず

19 彼女の様子（　　　）たぶん旅行は楽しかったんだろうと思う。

1 にしたら　2 にしても　3 からみると　4 からといって

20 だれでも忘れ（　　　）思い出を持っているものだ。

1 がたい　2 かねない　3 ぬけない　4 きれない

問題 2　次の文の ＿★＿ に入る最もよいものを、1・2・3・4から一つ選びなさい。

21 交通事故の発生件数が年々 ＿＿ ＿★＿ ＿＿ ＿＿ 増加している。

1 事故は　2 一方で

3 高齢(こうれい)ドライバーによる　4 減少する

22 有名画家の作品を見た ＿＿ ＿★＿ ＿＿ ＿＿ 包(つつ)まれた。

1 言いがたい　2 感動に　3 瞬間　4 何とも

23 机の ＿＿ ＿＿ ＿★＿ ＿＿ 母はかたづけてしまった。

1 本を　2 読みかけの　3 上に　4 置いておいた

24 今の収入 ＿＿ ＿★＿ ＿＿ ＿＿ のは無理だ。

1 500万円もある　2 返す　3 からいうと　4 借金を

25 休日に家族連(づ)れで ＿＿ ＿＿ ＿★＿ ＿＿ 疲れるだけかもしれない。

1 どころか　2 出かけるのは　3 楽しい　4 遊園地に

26 彼女は、ケーキを ＿＿ ＿＿ ＿★＿ ＿＿ まずそうな顔をした。

1 食べない　2 食べるか　3 一口　4 かのうちに

27 ここまで来たからには、最後まで ＿＿＿ ＿＿＿ ＿★＿ ＿＿＿ ほしい。

1 こと　2 がんばって　3 なく　4 あきらめる

28 彼は日本語を ＿＿＿ ＿＿＿ ＿★＿ ＿＿＿ カタカナもかけないんだよ。

1 2年も　2 くせに　3 まだ　4 勉強した

29 人が ＿＿＿ ＿★＿ ＿＿＿ ＿＿＿ 出さないでください。

1 している　2 大きな声を　3 最中だから　4 電話を

30 今回の事故で、会社の ＿＿＿ ＿＿＿ ＿★＿ ＿＿＿ きた。

1 浮かび上がって　2 上の　3 安全管理　4 問題が

31 もうちょっと ＿＿＿ ＿＿＿ ＿★＿ ＿＿＿ 、まだなんとも申し上げられません。

1 詳しく　2 みない　3 ことには　4 調べて

32 当店の商品は ＿＿＿ ＿＿＿ ＿★＿ ＿＿＿ 、大変お求めやすくなっております。

1 つき　2 ただいま　3 セール　4 実施中に

33 わがチームが ＿＿＿ ＿＿＿ ＿★＿ ＿＿＿ だけでもうれしい。

1 かどうか　2 はともかく　3 勝てる　4 試合(しあい)に出られる

34 休みに ＿＿＿ ＿＿＿ ＿★＿ ＿＿＿ 、お金が足りなくて行けなかった。

1 海外旅行に　2 ものの　3 思った　4 行こうと

35 会社に ＿＿＿ ＿＿＿ ＿★＿ ＿＿＿ 始めることになった。

1 のを　2 きっかけに　3 入った　4 一人暮らしを

36 田舎暮らしは ＿＿＿ ＿★＿ ＿＿＿ ＿＿＿ というよさがある。

1 不便な点も　2 反面　3 自然環境がいい　4 多い

37 いくら高価なものでも ＿＿＿ ＿＿＿ ＿★＿ ＿＿＿ ほかはない。

1 捨てる　2 割れて　3 からには　4 しまった

38 一人っ子は、まわりの大人から ＿＿＿ ＿★＿ ＿＿＿ ＿＿＿ ものだ。

1 されすぎて　2 わがままな子に　3 大事に　4 なりやすい

39 ちょっと ＿＿＿ ＿★＿ ＿＿＿ ＿＿＿ マンションより一戸建てを選びたい。

1 買える　2 でも　3 ものなら　4 無理して

40 どうやら ＿＿＿ ＿＿＿ ＿★＿ ＿＿＿ しまったらしい。

1 窓を開けて　2 せいで　3 風邪をひいて　4 寝た

問題 3　次の文章を読んで、文章全体の内容を考えて、[41] から [50] の中に入る最もよいものを1・2・3・4から一つ選びなさい。

手話（しゅわ）サークルは5年前に [41] 以来、現在、15人のメンバーで活動しています。

活動目標は、基本的なあいさつや自己紹介ができるようになることと、楽しく手話を学ぶことです。言いたい手話が思い浮かばなかったり、その手話を知らなくても、自分の言葉を伝えることをあきらめない精神で頑張っています。私達の活動を [42] 、より多くの人達に手話に親しんでもらえるよう頑張っていきたいと思っています。

ほんの少しでも興味や関心をもっている人は、迷う [43] ぜひ入部して下さい。手話を通してたくさんの人たちと関わっていければと思っています。

[41]

1 できる　　2 でき　　3 できて　　4 できた

[42]

1 とわず　　2 はじめ　　3 こめて　　4 きっかけとして

[43]

1 ことなく　　2 ながら　　3 ものだから　　4 かぎり

先日、車いすの夫と道路を渡ろうとしても、乗用車の運転手はなかなか止まってくれないという女性の話を聞いたことがあります。私は通勤の時に車を運転していますが、出来るだけ歩行者に渡ってもらうよう心がけています。

ただ残念ながら、譲りたいとは思う［44］、特に車の多い地域ではそのまま通り過ぎることもあります。私が車を止めても、後続（こうぞく）の車が私の車を追い越し、横断中の歩行者をはねるといった事故も［45］からです。

それに、私が止まっても、反対車線の車も一緒に止まってくれなければ、歩行者は渡りきることができません。すべてのドライバーが同じように思いやりの気持ちを持たないと、なかなかうまくいかないのです。

44

1 ものの　　2 ものなので　　3 ものなら　　4 ものから

45

1 起こりかねる　　2 起こりかける

3 起こりうる　　4 起こりえない

2泊3日の旅を終えて家に帰る途中、夕食のためにレストランに寄った。店の中は観光客と思われる家族やカップルが多かった。注文を取りに来たバイトのやる気のない態度から、嫌(いや)な予感がした。

出てきた料理は、見た目 [46] 美味(おい)しそうに見えず、食べてみたらやはりおいしくはなかった。勘定(かんじょう)の時は店員は無口だし、店を出る時も何も言わないし。味 [47] 接客面で不愉快になった店だった。この店にはもう二度と来たくないと思った。

[46]

1 をして　　2 を中心に　　3 からして　　4 どころか

[47]

1 に先立って　　2 はともかく　　3 にしては　　4 におうじて

バスの運転手となり20年が過ぎました。観光バスや貸し切りバスなどをへて、現在は、路線バスの運転手として走り続けています。

近年、バスの乗客のマナーの悪さが目立ちます。私が勤務する会社では、安全に利用していただくために、規定に [48] 車内放送で、走行中の移動、携帯電話の使用禁止のほか、降車の際はバスが止まってから席を立つようお願いしています。でも、これらの安全 [49] 注意はなかなか聞き入れてはもらえません。特に、走行中に揺れている車内で、つり革などにつかまる [50] 歩く行為は危険が伴います。

乗務員は安全に十分気を配って走行していますが、事故回避のために急ブレーキをかけることもあります。もし、その時、運悪く車内を歩く人がいたらどうなるでしょうか。転んで、けがをするかもしれません。安全に利用していただくためには、利用者の協力も必要です。ぜひ、お願いします。

48

1 とって　　2 つれて　　3 ともなって　　4 もとづいて

49

1 上の　　2 風の　　3 化の　　4 式の

50

1 よりなく　　2 ことなく　　3 ほどなく　　4 わけなく

PART5

학습 우선도로 나눈 N2 능시문법

121-150

121 **～(よ)うじゃないか** ~하자, ~하지 않겠는가

122 **～こそ / ～からこそ** ~야말로 / ~때문에(야말로)

123 **～だらけ** ~투성이

124 **～つつ** ~하면서

125 **～てならない** ~해서 견딜 수 없다, 너무 ~하다

126 **～というと・～といえば**
~라면, ~으로 말하자면

127 **～というより** ~라기보다

128 **～とは限らない** ~라고는 (단정)할 수 없다

129 **～にあたって** ~에 즈음해서, ~때에

130 **～に応じて** ~에 상응하여, ~에 부응하여

131 **～にかぎり** ~에 한해

132 **～に限らず** ~뿐만 아니라

133 **～に関して / ～に関する**
~에 관해서 / ~에 관한

134 **～に比べ(て)** ~에 비하여, ~과 비교하여

135 **～にそって** ~에 따라, ~을 따라

136 **～について** ~에 대해서

137 **～につけ** ~할 때마다

138 **～に反して** ~에 반해, ~과는 달리

139 **～ぬきで・～をぬきにして / ～ぬきの**
~을 빼고, ~을 제외하고 / ~을 뺀

140 **～ぬく** 끝까지 ~하다, 몹시 ~하다

141 **～のみならず** ~뿐만 아니라

142 **～まい** ~하지 않을 것이다, ~하지 않겠다

143 **～向け** ~대상, ~용

144 **～もかまわず** ~도 상관하지 않고, ~도 개의치 않고

145 **～ものがある** 정말로 ~하다, ~한 데가 있다

146 **～も～ば～も** ~도 ~하거니와 ~도

147 **～を契機に** ~을 계기로

148 **～を込めて** ~을 담아

149 **～をはじめ(として)** ~을 비롯하여

150 **～をもとに** ~을 토대로, ~을 바탕으로

MEMO

121

～(よ)うじゃないか ▶ ～하자, ～하지 않겠는가

접속 동사의 의지형＋じゃ(では)ないか

의미 그렇게 하자고 상대방이나 다른 사람에게 호소하는 표현이다.

- 今度いっしょに飲み会でもやろうじゃないか。
- 今日は天気がいいから、散歩でもしようじゃないか。
- 駅前に新しい店ができたので、みんなで行ってみようじゃないか。

122

～こそ / ～からこそ ▶ ～야말로 / ～때문에(야말로)

의미 「こそ」 앞에 오는 내용을 강조하여 나타낸다. 「～からこそ」는 원인을 강조한 표현이다.

1. ～こそ ～야말로

접속 명사＋こそ

- これこそ日本の味だ。
- 彼こそ次の社長になるべき人だ。

2. ～からこそ ～때문에(야말로)

접속 동사·い형용사·な형용사·명사의 보통형＋からこそ

- 難しいからこそ、やりがいがある。
- 彼は努力したからこそ、成功したのだ。

MEMO

123

～だらけ ▶ ~투성이

접속 명사+だらけ

의미 어떠한 것이 매우 많다는 것에 대한 부정적인 느낌이나 불만을 나타낸다. 이 때 불만의 대상은 사물에 국한되지 않고, 사람이나 추상적인 일에 대해서도 사용할 수 있다.

・彼が作成した書類は間違(まちが)いだらけだ。

・窓を開けておいたら、部屋の中がほこりだらけになった。

・お昼(ひる)に食堂に行ったら、サラリーマンだらけだった。

124

～つつ ▶ ~하면서

접속 동사의 ます형+つつ

1. ~하면서(=ながら)〈동작의 동시 진행〉

의미 두 가지 동작이나 작용이 동시에 병행해서 이루어지는 것을 나타낸다.

・父親(ちちおや)は子供の喜ぶ顔を思(おも)い浮(う)かべつつ、プレゼントを選んだ。

・列車(れっしゃ)に揺(ゆ)られつつ、眠りについた。

2. ~하면서(=けれども/にもかかわらず)〈역접〉

의미 서로 양립하기 어려운 두 가지 동작이나 작용이 모순되게 이루어지는 것을 나타낸다. 「～つつも(~하면서도)」의 형태로 자주 쓰인다.

・たばこは体に悪いと知りつつも、なかなかやめられない。

・手紙の返事(へんじ)を書かなくてはと思いつつも、忙しくてなかなか書けない。

MEMO

125

～てならない ▶ ~해서 견딜 수 없다, 너무 ~하다

접속 동사·い형용사·な형용사의 て형＋ならない

의미 어떠한 감정이나 느낌이 저절로 강하게 느껴진다는 상태를 나타낸다. 「～てたまらない」보다 딱딱한 느낌을 준다.

- 目の前で事故を見て、怖(こわ)くてならなかった。
- 山田君は何日も学校を休んでいる。何があったのか心配(しんぱい)でならない。
- 子供たちが学校に通(かよ)う道なのに、信号(しんごう)がないのは危険(きけん)に思えてならない。

126

～というと・～といえば ▶ ~라면, ~으로 말하자면

접속 명사＋というと・といえば

의미 어떤 화제에 대한 대표적인 예를 제시하거나 연상한 내용을 거론할 때 사용한다.

- 私は日本というと、富士山(ふじさん)を連想します。
- 東京の花見の名所(めいしょ)といえば、上野(うえの)公園だ。
- A : 昨日内田(うちだ)さんに会いましたよ。

  B : 内田さんといえば最近お会いしませんが、お元気ですか。

MEMO

127

～というより ▶ ～라기보다

접속 동사・い형용사・な형용사・명사의 보통형＋というより
(다만, な형용사와 명사에 「だ」는 붙지 않는 경우가 많다)

의미 「～というより」 앞에 오는 내용이라고 말하기 보다는, 차라리 뒤에 오는 내용이라고 표현하는 편이 적당하다는 의미를 나타낸다.

・卒業は終わりというより新(あら)たな出発だ。

・この部屋は冷房(れいぼう)がききすぎて、涼(すず)しいというより寒いぐらいだ。

・この辺はにぎやかというより、人通(ひとどお)りや車の音でうるさいくらいだ。

128

～とは限(かぎ)らない ▶ ～라고는 (단정)할 수 없다

접속 동사의 기본형/い형용사의 종지형/な형용사의 어간・명사＋とは限らない

의미 반드시 그렇다고는 할 수 없는 예외적인 상황을 나타낸다.

・値段(ねだん)が高いからといって質(しつ)がいいとは限(かぎ)らない。

・実力のあるチームがいつも勝つとは限らない。

・お金がたくさんあるからといって幸(しあわ)せとは限らない。

MEMO

129

～にあたって ▶ ～에 즈음해서, ～때에

접속 동사의 사전형/명사＋にあたって

의미 무언가를 하는 특별한 시기나 상황을 나타낸다.

- 旅行の出発にあたって、もう一度荷物(にもつ)を確認した。
- 本サービスのご利用にあたっては、以下の内容をよくお読みください。
- 新学期(しんがっき)を迎えるにあたって気持ちを新(あら)たにして登校した。

130

～に応(おう)じて ▶ ～에 상응하여, ～에 부응하여

접속 명사＋に応じて

의미 제시된 상황에 적합하게 어떠한 행동이 이루어질 때 사용한다.

1. ～에 상응하여

의미 외부의 변화에 적합하게 어떤 일이 정해지거나 변하는 것을 나타낸다.

- 所得(しょとく)に応(おう)じて税金(ぜいきん)を払う。
- 年齢(ねんれい)に応じて好(この)みも変化してくる。

2. ～에 부응하여

의미 다른 것으로부터의 작용에 반응하여 행동을 일으키는 모습을 나타낸다.

- コース料理は、お客様のご希望(きぼう)に応じて変更できます。
- 働(はたら)く女性の期待に応じて、家事や育児(いくじ)に協力的な男性が増えているという。

121-130 연습문제 37

問題　次の文の（　　　）に入れるのに最も良いものを、1・2・3・4から一つ選びなさい。

01 山本さんは今度の休みにヨーロッパ旅行に行くという。うらやましくて（　　　）。

1 ならない　　2 すまない　　3 はいけない　　4 かまわない

02 今年（　　　）合格できるように、がんばります。

1 あまり　　2 さえ　　3 こそ　　4 すえ

03 計画を成功させるために、みんなで（　　　）ではないか。

1 がんばった　　2 がんばろう　　3 がんばって　　4 がんばる

04 卒業式の歌（　　　）、どんな曲を思い浮かべますか。

1 といっても　　2 というと　　3 にとって　　4 にしては

05 お金があることが、必ずしも幸せにつながる（　　　）。

1 とは限らない　　2 ということだ　　3 に決まっている　　4 のではないか

06 会社を辞める（　　　）、いろいろ注意しなければならない点があります。

1 あげくに　　2 にあたって　　3 からといって　　4 にそって

07 人はだれでも失敗を（　　　）つつ成長していくものだ。

1 繰り返す　　2 繰り返した　　3 繰り返し　　4 繰り返して

08 この缶ジュースはとても甘くて、ジュース（　　　）砂糖水のようだ。

1 からして　　2 かと思うと　　3 と言えば　　4 というより

09 当店では、お客様のご予算に（　　　）ケーキをお作りいたします。

1 あたって　　2 比べて　　3 応じて　　4 つれて

10 雨に濡れたグラウンドを走ったので、足が泥（　　　）になってしまった。

1 ぎみ　　2 だけ　　3 だらけ　　4 ばかり

問題　次の文の（　　）に入れるのに最もよいものを、1・2・3・4から一つ選びなさい。

01　部屋にばかりいないで、買い物でもしに（　　）じゃないか。
1 行く　2 行った　3 行こう　4 行って

02　もう起きなければと思い（　　）、どうしても体が動かなかった。
1 ものの　2 くせに　3 つつも　4 あげく

03　春を代表する花（　　）、やはり桜でしょう。
1 といえば　2 というより　3 からいえば　4 からいって

04　あと一歩で優勝(ゆうしょう)できたと思うと（　　）ならない。
1 残念と　2 残念　3 残念に　4 残念で

05　彼は科学者（　　）小説家として知られている。
1 だけで　2 にかかわらず　3 というより　4 ものの

06　有名大学を卒業したからといって、社会で成功する（　　）。
1 に違いない　2 ほかはない　3 とは限らない　4 にきまっている

07　卒業（　　）、山田先生に花束(はなたば)を贈(おく)り、感謝の気持ちを伝えた。
1 にかわって　2 にあたって　3 をもとに　4 というより

08　あなたのことを心配している（　　）、わたしはあなたに、いろいろと注意するのです。
1 どころか　2 というより　3 からこそ　4 わりには

09　お客さんのご希望(きぼう)（　　）商品を開発していくつもりです。
1 におうじて　2 にしては　3 といって　4 をぬきにして

10　連休(れんきゅう)にハワイに行ったら、どこも日本人（　　）だった。
1 あまり　2 だらけ　3 だけ　4 かぎり

121-130 연습문제 39

問題　次の文の（　　　）に入れるのに最もよいものを、1・2・3・4から一つ選びなさい。

01　両親は心配し（　　　）、わたしの海外留学を許してくれた。

1 あげく　　2 けれども　　3 しだい　　4 つつも

02　成人の日（　　　）、1月の第2月曜日ですよね。

1 にいうと　　2 でいうと　　3 というと　　4 はいうと

03　人が困っているのにしらんぷりするなんて、彼は冷静（れいせい）と（　　　）冷たいのではないだろうか。

1 いうより　　2 いったら　　3 しても　　4 したら

04　開会に（　　　）社長がご挨拶（あいさつ）をいたします。

1 たいして　　2 あたって　　3 かけて　　4 とって

05　子供をかわいいと思う（　　　）、きびしくするのです。

1 からさえ　　2 からこそ　　3 に応じて　　4 に加えて

06　かわいがっていたペットが死んでしまって悲しくて（　　　）。

1 すまない　　2 はいけない　　3 ならない　　4 かまわない

07　おにぎりぐらい自分で作ってみよう（　　　）。

1 まいか　　2 じゃないか　　3 ともしたい　　4 ことか

08　この商品は、お客様の声援（せいえん）（　　　）、4割引（わりびき）といたします。

1 にかわって　　2 に応じて　　3 といって　　4 を前にして

09　観光客が帰った後の行楽地（こうらくち）は、いつもゴミ（　　　）だ。

1 あまり　　2 こそ　　3 だらけ　　4 むけ

10　アメリカに長く住んでいたからといって、英語がうまいとは（　　　）。

1 ありうる　　2 限らない　　3 きまっている　　4 わけがない

MEMO

131

～にかぎり ▶ ～에 한해

접속 명사＋にかぎり

의미 오직 그것뿐이라는 한정의 의미를 강조하여 표현한다.

- 秋の運動会は晴天(せいてん)にかぎり決行(けっこう)します。
- 先着(せんちゃく)30名様に限(かぎ)り、すてきなプレゼントを差(さ)し上(あ)げます。
- ランチセットをご注文(ちゅうもん)のお客様に限り、サラダをサービスします。

참고

～にかぎって ～인 경우만은, 꼭 ～때만

'어떠한 경우에 한해서 그 때만 특별하게' 어떤 일이 발생하거나, 그렇게 생각한다는 의미를 나타낸다.

예 ドライブに出かけようと思う時に限(かぎ)って、雨が降る。
드라이브하러 나가려고 할 때에 꼭 비가 온다.
留守(るす)のときに限って、荷物(にもつ)が届(とど)いたりする。
꼭 부재중일 때만 짐이 도착하거나 한다.

132

～に限(かぎ)らず ▶ ～뿐만 아니라

접속 명사＋に限らず

의미 제시된 내용에 국한되지 않고 다른 내용도 추가적으로 존재한다는 의미를 나타낸다.

- コンビニに限(かぎ)らず、24時間営業(えいぎょう)する店が増えている。
- この遊園地は子どもに限らず、大人にも大変人気がある。
- 海外旅行は、金持(かねも)ちに限らずだれでも行けるようになった。

MEMO

133

～に関(かん)して / ～に関(かん)する ▶ ～에 관해서 / ～에 관한

접속 명사＋に関して/に関する

의미 이야기하거나 생각하는 것의 주제나 내용을 나타낸다.

- その点に関(かん)してもう少し詳(くわ)しく話してください。
- この件に関しては、現在調査中(ちょうさちゅう)です。
- 弟は、車に関する写真集を集めている。

134

～に比(くら)べ(て) ▶ ～에 비하여, ～과 비교하여

접속 명사＋に比べ(て)

의미 무엇을 기준으로 하여 그것과의 정도 차이를 나타낼 때 사용하는 표현이다.

- 今年は昨年に比(くら)べて、かなり暑かった。
- 私は国語に比べて、数学が得意(とくい)だ。
- 平地(へいち)にくらべ、高い山は気温が低い。

MEMO

135

～にそって ▶ ～에 따라, ～을 따라

접속 명사＋にそって

1. 연속된 형태를 강조

의미 길고 연속적인 형태에 맞추어 어떠한 행동을 하는 경우를 나타낸다.

- 道にそって木が植(う)えてあります。
- 川にそって歩いて行こう。

2. 제시된 기준을 강조

의미 어떠한 기준이나 방침 등에 근거하여 무언가를 할 때 사용한다.

- 会議の決定(けってい)にそって計画を進めましょう。
- 会社の方針(ほうしん)にそって、新しい商品を開発する。

136

～について ▶ ～에 대해서

접속 명사＋について

의미 이야기하거나 생각하는 것의 주제나 내용을 나타낸다. 뒤의 명사를 수식할 때는 「～についての(～에 대한)」의 형태가 된다.

- あの人についてわたしは何も知りません。
- 日本の近代史(きんだいし)について本を書く。
- 環境(かんきょう)問題についての講演(こうえん)を聞きに行った。

MEMO

137

～につけ ▶ ～할 때마다

접속 동사의 사전형＋につけ

의미 어떤 일을 할 때마다 그러한 마음이 든다는 심리적인 느낌을 나타내는 표현이 뒤따른다.

- 彼の態度を見るにつけ、家庭(かてい)教育の大切さを感じる。
- この歌を聴(き)くにつけ、故郷(こきょう)が思い出される。
- 田舎(いなか)の両親から小包(こづつみ)が届(とど)くにつけ、ありがたいと思う。

참고
何(なに)かにつけ(て) 걸핏하면 〈관용적 용법〉

예 何かにつけてあの人は文句(もんく)を言う。
걸핏하면 그 사람은 불평을 한다.

138

～に反(はん)して ▶ ～에 반해, ～과는 달리

접속 명사＋に反して

의미 제시된 내용과 반대로 되는 경우를 나타낸다.

- 進学を望む親の期待に反(はん)して彼は就職(しゅうしょく)した。
- 会社の期待に反して、新製品の売(う)れ行(ゆ)きはあまりよくない。
- 午後から晴(は)れるという天気予報に反してずっと雨が降り続いている。

MEMO

139

～ぬきで・～をぬきにして / ～ぬきの

▶ ～을 빼고, ～을 제외하고 / ～을 뺀

접속 명사＋ぬきで・をぬきにして/ぬきの

의미 「～ぬき」는 그것이 없거나 그것을 제외한 상태에서 무언가를 한다는 의미를 표현한다. 다음과 같이 응용한다.

- 日本語は漢字抜(ぬ)きでは語(かた)れない。
- 私の周りには毎日朝食(ちょうしょく)ぬきの人がたくさんいる。
- 紅茶(こうちゃ)文化を抜きにしてイギリスを語(かた)ることはできないという。

140

～ぬく

▶ 끝까지 ～하다, 몹시 ～하다

접속 동사의 ます형＋ぬく

1. 끝까지 ～하다 〈완수〉

의미 주로 어떠한 일을 끝까지 노력하여 완수하거나, 어떠한 동작을 철저하게 한다는 경우에 사용한다.

- たとえ困難(こんなん)なことがあっても、最後までやりぬくことが大切だ。
- 村田(むらた)さんは意志の強い人で、最後まで自分の信念(しんねん)を守りぬいた。

2. 몹시 ～하다 〈정도의 강조〉

의미 「知る(알다)」「困る(곤란하다)」「弱(よわ)る(곤란해지다)」 등의 상태를 나타내는 동사 뒤에 붙어서, '몹시 ～하다'라는 정도를 강조하여 나타낸다. 한정적이며 관용적으로 쓰인다.

- 冬の寒さに困りぬいている。
- 彼女は私の性格を知りぬいているようだった。

131-140 연습문제 40

問題　次の文の（　　　）に入れるのに最もよいものを、1・2・3・4から一つ選びなさい。

01　彼の協力（　　　）この研究の成功はなかっただろう。

1 ぬきで　　2 はともかく　　3 をとわず　　4 に反して

02　険(けわ)しい山道(やまみち)を最後までがんばり（　　　）、やっと頂上(ちょうじょう)にたどりついた。

1 かけて　　2 ぬいて　　3 かねて　　4 こなして

03　ご返品(へんぴん)は、商品の未使用、未開封(みかいふう)の場合に（　　　）、受け付けます。

1 かぎり　　2 かわり　　3 あたり　　4 わたり

04　アメリカの学生（　　　）、日本語を学ぶ学生は、たいてい漢字が難しいと言う。

1 といっても　　2 をぬきにして　　3 にかぎらず　　4 にかぎり

05　この本を読むと、経済に（　　　）知識(ちしき)が得られます。

1 めぐる　　2 先立つ　　3 おける　　4 関する

06　兄（　　　）弟はスポーツが得意(とくい)だ。

1 に比べて　　2 にしては　　3 にとって　　4 によって

07　親の期待に（　　　）、彼は大学を辞(や)めてしまった。

1 反して　　2 そって　　3 際して　　4 したがって

08　この辺は道（　　　）レストランが並んでいる。

1 にそって　　2 について　　3 によって　　4 にわたって

09　この番組(ばんぐみ)に（　　　）皆様のご意見をお待ちしております。

1 上の　　2 だけの　　3 ついての　　4 わたっての

10　この写真を見る（　　　）、お母さんのことを思い出します。

1 につけ　　2 にとり　　3 により　　4 にわたり

問題　次の文の（　　）に入れるのに最もよいものを、1・2・3・4から一つ選びなさい。

01 社員の予想（　　）、ボーナスは去年を下回(したまわ)った。
1 に比べて　2 に伴って　3 にそって　4 に反して

02 一度やると決めたからには、最後までやり（　　）つもりです。
1 かける　2 すぎる　3 かねる　4 ぬく

03 コンサートのチケットを持っている方に（　　）、会場に入場することができます。
1 より　2 しか　3 かぎり　4 したがい

04 日曜日（　　）、休みの日はいつでも家族と公園に行きます。
1 に限らず　2 を問わず　3 もかまわず　4 にもとづいて

05 会議の日程(にってい)（　　）変更された内容がありますので、お知らせします。
1 によって　2 にとって　3 に関して　4 にかぎって

06 外国に（　　）日本は一人が使う水の量が多いらしい。
1 より　2 しらべ　3 はじめ　4 くらべ

07 学校のいじめ問題は、家庭や社会的背景(はいけい)（　　）考えられない。
1 もかまわず　2 をめぐって　3 をもとにしては　4 をぬきにしては

08 できるだけお客様の希望(きぼう)に（　　）旅行プランを立てたいと思います。
1 くらべ　2 そって　3 関して　4 よって

09 家族ドラマを見るに（　　）、つくづく家族の大切さを感じる。
1 つけ　2 とり　3 関し　4 より

10 この本は日本語の文法に（　　）分かりやすく書いてある。
1 あたって　2 よって　3 ついて　4 ともなって

연습문제 ㊷

問題　次の文の（　　　）に入れるのに最もよいものを、1・2・3・4から一つ選びなさい。

01　新入社員の彼は良心(りょうしん)に（　　　）、会社の指示に従った。

1 おいて　2 あたって　3 ともなって　4 反して

02　彼は今度のマラソン大会の全コースを（　　　）。

1 はしりぬいた　2 はしりすぎた　3 はしりはじめた　4 はしりかけた

03　家の中が散(ち)らかっているときに（　　　）、突然客が訪ねてきたりする。

1 よって　2 つれて　3 かぎって　4 さえ

04　このゲームは、子ども（　　　）大人にも人気があるという。

1 ぬきで　2 にかぎらず　3 もかまわず　4 をとわず

05　制度(せいど)の変更に（　　　）、十分検討する必要がある。

1 くらべて　2 かわって　3 関して　4 とって

06　今日の株価(かぶか)は昨日（　　　）かなり値上(ねあ)がりした。

1 にそって　2 にあたって　3 にしたがって　4 に比べて

07　たまには子ども（　　　）主人と2人で旅行に行きたいものだ。

1 めぐって　2 ぬきで　3 通して　4 もとに

08　理事会の決定（　　　）、わが社では、新(あら)たに海外に支店(してん)を出すことになった。

1 にそって　2 において　3 にかぎらず　4 にわたって

09　ゴミ問題（　　　）真剣(しんけん)に話し合ってみましょう。

1 にくらべて　2 にしたがって　3 について　4 にとって

10　父は何か（　　　）兄と僕を比べるのでとてもいやだ。

1 にしろ　2 にとり　3 にかぎり　4 につけ

MEMO

141

～のみならず ▶ ～뿐만 아니라

접속 동사의 기본형/い형용사·な형용사·명사의 보통형＋のみならず
(다만, な형용사와 명사에는 だ가 붙지 않는다)

의미 처음에 제시된 내용뿐 아니라 다른 측면도 있다는 의미를 나타낸다.

- 鈴木選手は日本国内のみならず海外でも有名だ。
- このマンションは家賃が高いのみならず、管理費も高いので生活が大変だ。
- プラスチックの使用を減らすことは、海洋生物を保護するのみならず、人間の健康を守ることにもなる。

142

～まい ▶ ～하지 않을 것이다, ～하지 않겠다

접속 동사의 사전형＋まい(단, 동사의 2그룹과 3그룹은「ない형」에 붙기도 한다)

의미 주로 부정의 추측(～하지 않을 것이다)이나 부정의 의지(～하지 않겠다)를 나타낸다.

1. ～하지 않을 것이다 〈부정의 추측〉

- 彼女がうそをつくようなことはあるまい。
- 明日は雨は降るまい。

2. ～하지 않겠다 〈부정의 의지〉

- このことはだれにも教えまい。
- もう喧嘩はするまいと反省した。

MEMO

143

～向け ▶ ～대상, ～용

접속 명사＋向け

의미 어떠한 대상에 적합하도록 특별히 만들었다는 의미를 나타낸다.

・海外向けの商品を開発する。

・これは子ども向けの簡単な算数の本です。

・東京都では外国人向けの英語の情報誌を発行しています。

144

～もかまわず ▶ ～도 상관하지 않고, ～도 개의치 않고

접속 명사＋もかまわず

의미 제시된 내용을 전혀 신경쓰지 않고 태연히 무언가 동작을 할 때 사용한다.

・彼女は人目もかまわず大声で泣いた。

・兄は家族の心配もかまわず、冒険旅行に行こうとする。

・彼は雨の中を、傘もささずに、服がぬれるのもかまわず走っていった。

MEMO

145

～ものがある ▶ 정말로 ~하다, 왠지 ~라고 느껴지다, ~한 데가 있다

접속 동사의 사전형/い형용사･な형용사의 명사수식형(현재형)+ものがある

의미 어떠한 것에 그럴만한 가치가 있다고 마음 속으로 감동하고 있는 경우에 사용한다.

- 彼の演説(えんぜつ)には、人々を感動させるものがある。
- この国の発展にはめざましいものがある。
- この古い建物は実に立派(りっぱ)なものがある。

146

～も～ば～も ▶ ~도 ~하거니와 ~도

접속 명사+も+[동사 - ば/い형용사 - ければ/な형용사 - なら]+ 명사+も

의미 앞에서 제시한 내용에 추가적인 내용을 제시할 때 사용하는 표현이다.

- 家の近くには学校もあれば病院もあるので便利だ。
- 今の私にはお金もなければ時間もない。
- 彼は歌も上手なら踊(おど)りもうまい。

MEMO

147

～を契機に ▶ ～을 계기로

접속 명사＋を契機に

의미 어떤 일이 시작되는 원인이나 동기를 나타내며, 뒤에는 변화된 내용이나 결과가 온다.

- 就職を契機に、家族と離れて一人暮らしをすることになった。
- コンクールでの優勝を契機に、彼女は幅広く活躍しはじめた。
- アメリカ出張を契機に、彼は本格的に英語を勉強しはじめた。

148

～を込めて ▶ ～을 담아

접속 명사＋を込めて

의미 어떠한 감정이나 기분을 담아 뒤에 오는 동작을 할 때 사용한다.

- 父の誕生日に、心を込めてネクタイをプレゼントした。
- 妻は愛を込めて、夫の弁当を作った。
- 先生に感謝の気持ちをこめてこの文集を作りました。

MEMO

149

～をはじめ(として) ▶ ～을 비롯하여

접속 명사＋をはじめ(として)

의미 하나의 대표적인 예를 강조하여 제시할 때 사용하는 표현이다. 뒤에 여러 가지의 예가 이어진다.

・家族をはじめ、多くの友人が空港(くうこう)に出て彼を迎(むか)えた。

・田中さんの提案(ていあん)には、部長をはじめ、多くの人が賛成(さんせい)している。

・東京の中心部には、国会をはじめとして、いろいろな国の機関(きかん)が集まっている。

150

～をもとに ▶ ～을 토대로, ～을 바탕으로

접속 명사＋をもとに

의미 소재나 기준 등을 나타내는 표현이다.

・このドラマは、実際にあった話をもとに作られたそうだ。

・市民の要望(ようぼう)をもとに、今後の計画を立てる。

・たくさんの資料(しりょう)を基(もと)に、報告書をまとめた。

141-150 연습문제 43

問題　次の文の（　　　）に入れるのに最もよいものを、1・2・3・4から一つ選びなさい。

01 彼女の小説は、日本（　　　）ならず海外でも大変人気がある。

1 しか　　**2** のみ　　**3** かぎり　　**4** ばかり

02 長距離ドライブの疲れも（　　　）早速登山を開始した。

1 かかわらず　　**2** かまわず　　**3** のみならず　　**4** かぎらず

03 彼の言い方には、なにか信用できない（　　　）。

1 あまりだ　　**2** ほかない　　**3** はずがない　　**4** ものがある

04 りんごにはいろいろな種類があって、赤いのも（　　　）緑のものもある。

1 あったら　　**2** あっても　　**3** あれば　　**4** あるとは

05 自分の目で確かめない限り、今回のような事件はだれも（　　　）。

1 信じまい　　**2** 信じよう　　**3** 信じきれる　　**4** 信じかねない

06 最近の子供（　　　）のアニメには暴力を扱ったものが多くて、教育上よくない。

1 だけ　　**2** 次第　　**3** 向け　　**4** 一方

07 このマラソン大会には、選手を（　　　）、多くの市民が参加する。

1 こめて　　**2** はじめ　　**3** ぬきで　　**4** めぐって

08 今回の事故（　　　）、安全対策が強化された。

1 もかまわず　　**2** はともかく　　**3** を契機に　　**4** だからといって

09 田舎のおじが心を（　　　）作ったりんごが、今日届いた。

1 入れて　　**2** もとに　　**3** かけて　　**4** こめて

10 この本は、突然「ガン」と宣告された著者の実体験を（　　　）書かれた。

1 問わず　　**2** ぬきにして　　**3** こめて　　**4** もとに

141-150 연습문제 44

問題　次の文の（　　　）に入れるのに最もよいものを、1・2・3・4から一つ選びなさい。

01 このマンションは高齢者（　　　）設計されている。

1 ために　　2 とおりに　　3 向けに　　4 ものに

02 卒業の日、感謝の気持ち（　　　）先生に花束を贈った。

1 をもとに　　2 をめぐって　　3 を契機に　　4 をこめて

03 万国博覧会の開催を（　　　）、この国は大きく発展した。

1 めぐって　　2 かまわず　　3 契機に　　4 ぬきにして

04 酒を飲まないようにと医者に言われたからには、酒は二度と（　　　）まいと思った。

1 飲み　　2 飲む　　3 飲んで　　4 飲ま

05 彼は、残業の疲れ（　　　）居酒屋でお酒を飲んでいる。

1 もかまわず　　2 に限らず　　3 を問わず　　4 のみならず

06 レポートの締め切りが明日というのはちょっときびしい（　　　）。

1 ぐらいだ　　2 あまりだ　　3 ものがある　　4 ほかない

07 日本語のクラスは、テストの点数を（　　　）決められる。

1 そって　　2 はじめ　　3 もとづいて　　4 もとに

08 医師（　　　）、たくさんのボランティアの人が地震の被災地に派遣された。

1 に応じて　　2 からして　　3 をともに　　4 をはじめ

09 このスーパーには、食料品（　　　）生活用品もたくさんある。

1 のみならず　　2 のみで　　3 だけあって　　4 だけなく

10 私はこの店によく来る。雰囲気も（　　　）料理もおいしいからだ。

1 よくても　　2 よければ　　3 よくないのは　　4 よいと

연습문제 45

問題　次の文の（　　　）に入れるのに最もよいものを、1・2・3・4から一つ選びなさい。

01 昨日のパーティーには、長官（　　　）、多くの有名人が参加した。

1 において　2 にとって　3 をはじめ　4 をめぐって

02 何回買っても当たらない宝くじは、もう買う（　　　）。

1 わけだ　2 まい　3 ものだ　4 ほかない

03 少子化問題は、日本（　　　）さまざまな国にもあるようだ。

1 ながら　2 だけなら　3 のついでに　4 のみならず

04 お客様のご意見を（　　　）、商品開発を進めています。

1 こめて　2 はじめ　3 もとに　4 とわず

05 お母さんは子どものために、愛情（　　　）ケーキを作った。

1 はもちろん　2 もかまわず　3 をこめて　4 をもとに

06 選手たちは暑さも（　　　）、一生懸命練習している。

1 反して　2 かかわらず　3 かまわず　4 忘れず

07 アメリカ（　　　）の輸出は前年に比べて減少している。

1 上　2 向け　3 がち　4 ぎみ

08 彼は才能ある音楽家で、歌も（　　　）作曲もする。

1 歌えば　2 歌ったら　3 歌うとは　4 歌わず

09 会社の名前が変わるの（　　　）、社員の制服も変わることになった。

1 をめぐって　2 を問わず　3 を契機に　4 をもとに

10 こんな単純な作業を一日中続けるのはつらい（　　　）。

1 一方だ　2 ものがある　3 しょうがない　4 ほかない

총정리문제 ⑤

問題 1　次の文の（　　　）に入れるのに最もよいものを、1・2・3・4から一つ選びなさい。

1　ひらがなとカタカナは漢字を（　　　）生まれたという。

1 ぬきに　　2 こめて　　3 もとに　　4 めぐって

2　事故で家族を失って一人ぼっちになった彼が（　　　）。

1 気の毒でならない　　2 気の毒そうにない

3 気の毒さえない　　4 気の毒になればいい

3　食べ物に困っている人々に、できるかぎりの援助を（　　　）。

1 するではないか　　2 したいことか

3 しようではないか　　4 しないことか

4　気にしないと口では言いつつ、心の中では（　　　）。

1 心配していた　　2 心配しなかった

3 心配するわけにはいかなかった　　4 心配しっこなかった

5　長崎（　　　）やっぱりカステラが有名です。

1 というものの　　2 というより　　3 といえば　　4 といっても

6　今いっしょに働く人がずっと同じ職場で働けるとは（　　　）のだ。

1 かまわない　　2 限らない　　3 違いない　　4 かわらない

7　奨学金の申し込み（　　　）、いろいろな書類を準備した。

1 にしたがって　　2 にあたって　　3 におうじて　　4 によっては

8 アルバイト代は働いた時間に（　　　）計算される。

1 おうじて　　2 とって　　3 さきだって　　4 さいして

9 本日に（　　　）、全商品を２割引(わりびき)にさせていただきます。

1 かかり　　2 かぎり　　3 わたり　　4 かわり

10 内田(うちだ)選手は野球（　　　）スポーツならなんでも得意(とくい)なのでうらやましい。

1 にわたって　　2 にしては　　3 もかまわず　　4 にかぎらず

11 彼は歴史が好きで、歴史（　　　）本をたくさん読んでいる。

1 による　　2 にともなう　　3 に際する　　4 に関する

12 ケータイ電話が普及し、簡単にメッセージが送れる今の時代であるから（　　　）、手書きの手紙に温かい気持ちを感じる。

1 こそ　　2 すら　　3 だけ　　4 さえ

13 都心(としん)は通りに（　　　）高層ビルが建ち並んでいる。

1 とって　　2 よって　　3 そって　　4 わたって

14 あなたの将来の希望(きぼう)（　　　）、話してくれませんか。

1 について　　2 にとって　　3 によって　　4 にしろ

15 この写真を見る（　　　）、楽しかった旅行が思い出される。

1 にせよ　　2 にとり　　3 にしろ　　4 につけ

16 地域(ちいき)のルールに（　　　）、ゴミを捨てれば、みなが迷惑する。

1 伴って　　2 際して　　3 反して　　4 通じて

17 いろいろと考え（　　　）、当初の計画を中止することにした。

1 ぬいて　　2 すぎて　　3 かけて　　4 おわって

18 これは複雑な問題だから、話し合ってもそう簡単に結論は（　　　）。

1 出るだろう　　2 出るまい

3 出るほかはない　　4 出ないわけがない

19 女の子たちは、周りに迷惑なのも（　　　）大きな声で話している。

1 かまったら　　2 かまわなければ　　3 かまわず　　4 かまって

20 A：「彼女の演奏(えんそう)には聴く者の心を（　　　）ね。」

B：「ええ、ほんとうにすばらしいですね。」

1 ひきつけないことがあります　　2 ひきつけるかもしれません

3 ひきつけてしょうがありません　　4 ひきつけるものがあります

問題2　次の文の ＿★＿ に入る最もよいものを、1・2・3・4から一つ選びなさい。

21 この町は、＿＿＿ ＿★＿ ＿＿＿ ＿＿＿ 食べられるので観光客に人気がある。

1 ショッピングを　　2 料理を　　3 はじめ　　4 いろいろな

22 このレストランは、客の予算 ＿＿＿ ＿＿＿ ＿★＿ ＿＿＿ くれるのでありがたい。

1 コースを　　2 におうじて　　3 用意して　　4 いくつかの

23 この曲は、この地方に ＿＿＿ ＿＿＿ ＿★＿ ＿＿＿ 作られたものです。

1 歌を　　2 伝わる　　3 古い　　4 もとに

24 老人は ＿＿＿ ＿★＿ ＿＿＿ ＿＿＿ 浮(う)かべながら孫(まご)の遊ぶ姿を見ていた。

1 しわ　　2 微笑(ほほえ)みを　　3 だらけの　　4 顔に

25 雨だ ＿＿＿ ＿★＿ ＿＿＿ ＿＿＿ 出かけるのもいいだろう。

1 一人さびしく　2 買い物に　3 からこそ　4 家にいないで

26 バイオリン専門店を経営している高森(たかもり)さんは、「＿＿＿ ＿＿＿ ＿★＿ ＿＿＿ 、バイオリンの本当の魅力(みりょく)を知らないままに、弾(ひ)くことをやめてしまうことです」と言った。

1 残念で　2 何より　3 のは　4 ならない

27 この国でバスケットボールの ＿＿＿ ＿＿＿ ＿★＿ ＿＿＿ 野球である。

1 人気のある　2 スポーツ　3 といえば　4 次に

28 入学に ＿＿＿ ＿★＿ ＿＿＿ ＿＿＿ 相談してください。

1 ありましたら　2 心配な　3 あたって　4 ことが

29 本人 ＿＿＿ ＿＿＿ ＿★＿ ＿＿＿ あとで何を言われるか分からないよ。

1 しまったら　2 ぬきで　3 決めて　4 会場を

30 大事な会議があって ＿＿＿ ＿★＿ ＿＿＿ ＿＿＿ 寝坊(ねぼう)してしまう。

1 時に　2 遅刻しては　3 かぎって　4 いけない

31 この本は ＿＿＿ ＿＿＿ ＿★＿ ＿＿＿ 書かれている。

1 日本の　2 関して　3 分かりやすく　4 工業発展に

32 雨の日は、＿＿＿ ＿★＿ ＿＿＿ ＿＿＿ 客が少ない。

1 比べて　2 来る　3 晴れの日に　4 店に

33 水の重要性は言うまでもなく、水がなければ ＿＿＿ ＿＿＿ ＿★＿ ＿＿＿ いけないのだ。

1 われわれ　2 地球上の生物(せいぶつ)は　3 生きて　4 人間のみならず

34 花子(はなこ)さんの料理は本当にすばらしい。彼女の作る ＿＿＿ ＿＿＿ ＿★＿ ＿＿＿ いいほどだ。

1 料理というより　2 料理は　3 言って　4 芸術(げいじゅつ)と

35 今年から景気(けいき)が回復する ＿＿＿ ＿★＿ ＿＿＿ ＿＿＿ 景気はぜんぜん回復していない。

1 予想に　2 という　3 反して　4 専門家の

36 本屋には ＿＿＿ ＿★＿ ＿＿＿ ＿＿＿ たくさん並んでいる。

1 雑誌が　2 若い母親　3 子育(こそだ)ての　4 向けの

37 彼女は ＿＿＿ ＿＿＿ ＿★＿ ＿＿＿ と言って、恋人に買わせた。

1 のも　2 かまわず　3 欲しい　4 値段が高い

38 この辺は ＿＿＿ ＿★＿ ＿＿＿ ＿＿＿ あって生活しやすい。

1 便利なら　2 交通も　3 たくさん　4 店も

39 数週間の ＿＿＿ ＿★＿ ＿＿＿ ＿＿＿ 生活しようと決心した。

1 入院生活を　2 健康に気をつけて

3 もっと　4 契機に

40 お世話になった島田(しまだ)さんに ＿＿＿ ＿★＿ ＿＿＿ ＿＿＿ 書いた。

1 お礼の手紙を　2 気持ちを　3 込めて　4 感謝の

問題 3　次の文章を読んで、文章全体の内容を考えて、［41］から［50］の中に入る最もよいものを1・2・3・4から一つ選びなさい。

3月に入り、暖かくなりました。春［41］やはり桜ですね。この季節で忘れてはならないのが「お花見」です。

今回紹介していきたいお花見スポットはアンデルセン公園です。アンデルセン公園は、なんといっても駅から歩いて5分の近い距離にあります。ソメイヨシノ［42］、ヤエザクラにシダレザクラのような様々な種類の桜が植えられており、毎年3月下旬（げじゅん）から4月の中旬（ちゅうじゅん）までの長期間にわたって楽しむことができます。小さなお子様連（づ）れのご家族にはお勧めです。

［41］

1　といっても　　2　といえば　　3　にとって　　4　にしては

［42］

1　をぬきにして　　2　にともなって

3　をはじめ　　4　をめぐって

私の母は以前、女子高生の運転する自転車にぶつかって骨折(こっせつ)の重傷を負ったことがある。

夜、ライトをつけないで走ったり、一人乗りのはずなのに二人乗りしたりするのも危険だが、朝の通学、通勤時間帯 [43] 特に怖い。遅刻しないように急いでいるせいか、すごいスピードで走る人が多いからだ。

また、ヘッドホンで音楽を聞き、携帯電話でメールをしながら自転車を運転する人もよく見かける。歩行者に気をつけて運転してほしい。

自転車通学を許可している学校は、生徒をきちんと指導してほしい。また、利用者が多いスーパーや駅前の駐輪場などには、違反となる行為 [44] ポスターを貼(は)って知らせてほしい。

自転車に [45] 、自動車も歩行者も交通ルールを守ることが必要だ。警察当局もより指導を強化して、互いに事故を減らすことに取り組んでいかなければならない。

[43]

1 ながら　　2 までも　　3 には　　4 として

[44]

1 について　　2 につれて　　3 にともなって　　4 にくらべて

[45]

1 問わず　　2 限らず　　3 かまわず　　4 すぎず

ここ数年、年末になると、浮上してくる悩みがある。それは、年賀状を書くかどうかということである。小中学生のころは毎年、何枚も書いていた。絵や文章を書くのが好きな私にとって、年賀状づくりは面倒くさい [46] 、楽しみだった。

しかし、時間に追われる大学生となった今は別の話だ。携帯電話が普及し、お正月の朝は、友人たちからいっせいに年賀メールが届く。一度に大勢に送っているのだろうか。その多くが、私の名前もなく、決まった表現の文章である。

そんな中、祖母は毎年、年賀状を欠かすことなく送ってくれる。届いた時のうれしさは何とも言えないものだ。年賀状には、私だけへのメッセージが込められている。一文一文、読みながら、喜びを感じる。

こうした年始の喜びは、今では多くの人が忘れてしまっていることだろう。そんなことを考えていると、今年は久しぶりに年賀状を書いてみようか、という気持ちになった。子供のころのような、ワクワク、ドキドキという気持ち [47] 年賀状を書きたいと思う。

46

1 だけで　　2 というよりも

3 というから　　4 ばかりか

47

1 を通じて　　2 を込めて　　3 にかぎって　　4 において

仕事を辞めて一か月が過ぎた。時間がなくて、できなかったあれこれを今、楽しんでいる。そのひとつが図書館通いだ。歩いて行けるのがありがたい。

図書館に着くと、まず新着(しんちゃく)図書の案内をチェックする。本の表紙コピーと簡単な内容説明が読みやすく張られているので、思わず手に取ってみたくなる。特集コーナーでは毎月のテーマ [48] 図書の展示が興味深(ぶか)い。

平日は午後7時半まで開館しているので、勤め帰りにも利用できる。今まで利用しなかったことが実に惜しくてならないのだ。

読書は秋が一番いいとは [49] 。郊外の散歩に一冊持って行き、木の下で本を開いてみよう。初夏(しょか)の風に吹かれ [50] 、本を読むのもまた楽しみだ。

48

1 にさきだった　　2 にそった　　3 にかけた　　4 にこたえた

49

1 かまわない　　2 ほかならない　　3 限らない　　4 違いない

50

1 つつ　　2 次第　　3 といっても　　4 ものの

부록

- 모의테스트 1회~2회
- 필수 접속사 · 부사
- 필수 경어
- 테마별 문법 정리 150
- N2 문법 색인
- N3 필수문법 70선
- 예문 해석
- 해답

모의테스트 1회

問題7　次の文の（　　　）に入れるのに最も よいものを、1・2・3・4から一つ選びなさい。

1　二日酔いのふらふらの状態で、彼は満員電車に揺られて、会社（　　　）向かった。

1 からも　　2 へと　　3 とも　　4 でと

2　この会は、年齢（ねんれい）や性別を（　　　）、だれでも自由に入れるので、さまざまな人と交流できるのが魅力（みりょく）だ。

1 かかわらず　　2 限らず　　3 問わず　　4 かまわず

3　交通機関についてはスピードも大事だが、何より乗客の安全を（　　　）論（ろん）じることはできない。

1 ぬきながら　　2 ぬかずに　　3 ぬきにして　　4 ぬいたものの

4　100万円は金持ち（　　　）たいした金額（きんがく）ではないだろうが、庶民（しょみん）にとっては大金だ。

1 からみれば　　2 からみても　　3 だからといって　　4 であるものの

5　今回発売した商品がヒットしたのは、関係者の協力のおかげ（　　　）。

1 にほかならない　　2 にすぎない　　3 でもない　　4 にかわらない

6　不況の中、企業は利益（りえき）ばかりに気をとられ、時には社会的責任さえ忘れ（　　　）。

1 たくない　　2 きれない　　3 っこない　　4 かねない

7　A:「レポートどう？ うまくいってる?」
B:「たったの一週間で二つもレポートを書くなんて、（　　　）でしょう。」

1 できるわけがない　　2 やりかねない
3 するかもしれない　　4 できるに違いない

8 こんなに晴天が続くと、大雨でも（　　　）、水不足になるおそれがある。

1 降るたびに　　2 降らない限り
3 降ったきり　　4 降るか降らないかのうちに

9 その件については私では（　　　）かねますので、係の者にご連絡させます。

1 わかる　　2 わかって　　3 わかろう　　4 わかり

10 梅雨前線の影響で関東地方は雲が多く、地域に（　　　）一時雨が降るでしょう。

1 よっては　　2 おいては　　3 ついては　　4 とっては

11 （電話で）
A「経理部の川口さんをお願いしたいのですが。
B「申し訳ございません。川口はただいま席を外しております。戻り次第こちらからお電話（　　　）。」

1 いただきませんか　　2 いたしましょうか
3 申しましょうか　　4 くださいませんか

12 好きな人に告白しようとしたが、緊張した（　　　）結局告白できなかった。

1 あまり　　2 おかげで　　3 たびに　　4 くせに

問題8　次の文の ＿★＿ に入る最もよいものを、１・２・３・４から一つ選びなさい。

13　子育てに正解はないという ＿＿＿ ＿＿＿ ＿★＿ ＿＿＿ うえで、工夫しながら、子育てに関わっていきましょう。

1 能力を　2 理解した　3 子どもの　4 言葉どおり

14　最近では、ワインは ＿＿＿ ＿★＿ ＿＿＿ ＿＿＿ ことができるようになった。

1 レストランに　2 飲む

3 いろいろなところで　4 限らず

15　最近の新築マンションを見ていると、和室（わしつ）のあるマンションが少なくなってきている。生活様式（ようしき）が洋風化（ようふうか）し、＿＿＿ ＿＿＿ ＿★＿ ＿＿＿ のは残念なことだと思う。

1 和室が　2 日本文化の　3 消えつつある　4 シンボルである

16　この地方は人口がだんだん ＿＿＿ ＿＿＿ ＿★＿ ＿＿＿ ことはないだろう。

1 何か　2 今後も増える　3 減っていて　4 対策を立てない限り

17　試合に負けたことを考える ＿＿＿ ＿＿＿ ＿★＿ ＿＿＿ 悔しくて眠れなかった。

1 思い出されて　2 すれば　3 するほど　4 まいと

問題9　次の文章を読んで、[18] から [22] の中に入る最もよいものを、1・2・3・4 から一つ選びなさい。

食事を噛(か)む回数を調べた報告によると、戦前は食事の時、平均1420回噛んでいたそうです。[18] 現代では、噛む回数は平均620回。日本人は、戦前の半分の回数しか噛まなくなってきているのです。戦前の食事は、和風そのもの。麦などの雑穀(ざっこく)やいも類、豆などがよく食べられていました。[19] はよく噛まないと消化できないので、昔の人はあごをよく動かしていたのです。

よく噛むと、健康面でどのような効果が得られるのでしょう。食べ物を細かく噛(か)み砕(くだ)いて、消化酵素(こうそ)を含んだ、だ液(えき)(注)と混ぜ合わせる [20] 消化を助けるのはもちろんですが、だ液がたくさん出ることによって、虫歯を予防する効果も得られます。

皆さんは、緊張したとき、ガムを噛んだことはありませんか。物を噛むと、体の緊張がやわらいで、ストレスを解消するのに役立つものです。

早食い、大食いの子どもは肥満になりやすいものです。よく噛まずに食べてしまうと、脳が「おなかがいっぱいになったよ」と指令を出す前に、[21] ことになりがちです。ゆっくりよく噛んで食事をとれば、噛むことで満足感がわき、体にとって必要な量だけで満腹感が得られます。

最近、噛めない子どもが増えてきていると言われています。また、今の子どもは噛まないとも言われます。子どもが、よく噛む習慣を身につけるためには、[22] 食品を料理やおやつにひんぱんに取り入れていく必要があります。ところで、かむ必要のある食品というとどのようなものが思い浮かびますか。するめや煮干(にぼし)を、子どもにかじらせてみてはどうですか？ 健康的なおやつを工夫しながら、噛む機会をどんどん増やしてみてください。

（注）だ液(えき)：つば

18

1 ところが　　2 だから　　3 その上に　　4 それとも

19

1 今の食事　　2 これらの食品　　3 これからの食事　　4 日本人の食事

20

1 ことについて　　2 ことによって

3 ことにかかわらず　　4 ことにしては

21

1 食べるのをやめてしまう　　2 食べ終わってしまう

3 必要以上に食べてしまう　　4 必要な量をとってしまう

22

1 栄養のある　　2 カロリーの低い

3 なるべく柔らかい　　4 噛む必要がある

모의테스트 2회

問題7　次の文の（　　　）に入れるのに最もよいものを、1・2・3・4から一つ選びなさい。

1　朝ごはんを食べないのは体に悪いと知っていながら、今朝も時間がなくて（　　　）。

1 食べられた　　2 食べずにはいられなかった
3 食べられなかった　　4 食べるしかなかった

2　この電車はいつも込んでいて、朝夕（　　　）、昼間も乗客でいっぱいである。

1 はもちろん　　2 もかまわず　　3 にさきだって　　4 をめぐって

3　壊れたプリンタの修理についてお客様センターへ問い合わせを（　　　）早速返事が来た。

1 するところ　　2 したところ　　3 するばかり　　4 したばかり

4　幼い子どもを事故で失った彼女は生きる希望（　　　）なくしてしまった。

1 さえ　　2 こそ　　3 とか　　4 やら

5　なかなか仕事が思うように進まずストレスがたまる（　　　）。

1 しだいだ　　2 一方だ　　3 以上だ　　4 気味だ

6　彼は２年前にイギリスへ留学に行った（　　　）、一度も日本に帰ってこない。

1 きり　　2 以来　　3 から　　4 最中

7　せっかく旅行の計画を立てたのに、仕事の都合で行けなくなって、残念（　　　）。

1 までもない　　2 にほかならない　　3 と思えない　　4 でならない

8　この件に関しては、上司と相談してから（　　　）、お返事できません。

1 であって　　2 であれば　　3 でなくて　　4 でないと

9 今まで一度も欠席しなかった彼が欠席するなんて（　　　）。

1 いつものことだ　2 ありがちだ　3 珍しいことだ　4 信じかねない

10 今年は仕事が忙しくて夏休みが三日しかとれない。こんな年もあるのだと思ってあきらめる（　　　）。

1 ほかない　2 ほかならない　3 に過ぎない　4 ことはない

11 家族構成や食生活の変化（　　　）インスタント食品が増加している。

1 にかけては　2 にとって　3 について　4 にともなって

12 ようやく春らしくなって（　　　）が、皆様お元気でしょうか。

1 くださいました　2 いらっしゃいました

3 ございました　4 まいりました

問題8　次の文の ＿＿★＿＿ に入る最もよいものを、1・2・3・4から一つ選びなさい。

13　アメリカ人はすしが好きだと言うが、＿＿＿＿ ＿＿＿＿ ＿＿★＿＿ ＿＿＿＿ 巻きずしの方が好まれている。

1 すし　　2 といっても　　3 のような　　4 カリフォルニアロール

14　約束の ＿＿＿＿ ＿＿★＿＿ ＿＿＿＿ ＿＿＿＿ 店の信用は大きく失われてしまう。

1 したら　　2 品物を　　3 日までに　　4 用意できないと

15　何か相談を受けるときに、相談者からの ＿＿＿＿ ＿＿＿＿ ＿＿★＿＿ ＿＿＿＿ アドバイスができない場合がある。

1 適切な　　2 一方的な　　3 判断する場合は　　4 情報に基づいて

16　昨日は遅くまで起きていたので、朝起きられずに寝坊(ねぼう)してしまった。どんなに ＿＿＿＿ ＿＿＿＿ ＿＿★＿＿ ＿＿＿＿ 会議の時間に間に合いそうもない。

1 では　　2 今から　　3 としても　　4 急いで行った

17　彼は失敗を ＿＿＿＿ ＿＿＿＿ ＿＿★＿＿ ＿＿＿＿ 努力を重ね、事業家として成功した。

1 あきらめる　　2 繰り返し　　3 ことなく　　4 ながらも

問題9　次の文章を読んで、[18] から [22] の中に入る最もよいものを、1・2・3・4 から一つ選びなさい。

次はある質問への回答である。

Q: 乳幼児（にゅうようじ）がテレビを長時間見ると、言葉が遅れるって本当ですか。

A:

乳幼児期の子どもたちは、周囲の環境からいろいろなことを学んでいきます。[18] おもちゃで遊びながら、「物は手を離すと下に落ちる」とか「大きいものの方が重い」といった物質の世界の法則を、周りの人からは社会性や言葉を学びます。

このように多くを身につけなければならない乳幼児は、健全な体を育てるために十分な睡眠（すいみん）も必要です。昼寝を含むと少なくとも半日は眠っています。残り 12 時間のうち、食事や入浴など日常生活の必須の時間を除くと、残る時間は 5 ～ 6 時間 [19] 。

その貴重な時間の多くを、情報の流れが一方通行であるテレビやビデオ・DVD を見て過ごすと、言葉や社会性の学習に有効に使える時間が少なくなるのでは、と心配するのは当然です。

こうした心配があるために、アメリカや日本の小児科医（しょうにかい）の団体は、2 歳以下の子どもにテレビやビデオ・DVD を [20] 、という勧告をだしています。しかし現在までに、テレビやビデオ・DVD を見すぎると、本当に言葉が遅れるのか、実証的に確認した研究はありません。ただし、いろいろなことを学ばなければならない乳幼児の起きている時間の多くをひとつのことだけに使うのは、[21] 、ということはできるでしょう。

また、テレビやビデオ・DVD を見る時は子ども一人で見るようにはせず、親も一緒に見ながら、内容について話すなどの工夫をすれば、[22] コミュニケーションを促すことができます。

18

1 だが　2 たとえば　3 ただし　4 それとも

19

1 程度もあるらしいです　2 程度だけありません

3 程度しかありません　4 程度はかかります

20

1 見せないようにしよう　2 見えないようにしよう

3 見られるようにしよう　4 見ることにしよう

21

1 納得できることである　2 好ましくはない

3 特に問題はない　4 心配することはない

22

1 子供中心の　2 親が誘導する　3 一方通行の　4 双方向的な

필수 접속사

순접

앞의 내용이 원인이나 이유가 되어, 뒤에 결과나 결론을 유도하는 표현

- したがって 따라서
- すると 그러자
- それで 그래서
- だから 그러므로

역접

앞의 내용으로 예상되는 결과와 다른 내용이 되는 경우를 유도하는 표현

- けれども 그렇지만
- しかし 그러나
- それでも 그런데도
- それなのに 그런데도
- だが 그렇지만
- だけど 그렇지만
- ところが 그렇지만
- とはいえ 그렇다고는 해도, 그렇지만

첨가

앞의 내용에 뒤의 내용을 추가하는 표현

- しかも 게다가
- その上(うえ) 게다가
- それに 게다가

선택

앞과 뒤 중 한 쪽을 선택하는 표현

- あるいは 혹은
- それとも 그렇지 않으면
- または 또는

설명

앞의 일에 대한 설명을 나타내는 표현

- すなわち 즉
- ただし 다만
- つまり 즉
- なお 더욱, 또한
- なぜなら 왜냐하면
- もっとも 다만

전환

앞의 내용이나 화제를 바꾸는 표현

- さて 그런데
- それでは 그러면
- ところで 그런데, 그건 그렇고

필수 부사 127

あ

001 あいにく 공교롭게도

002 あくまで 어디까지나

003 改めて(あらた) 다시금, 재차

004 あらゆる 모든

005 案外(あんがい) 의외로

006 一応(いちおう) 일단, 우선

007 いきいき 활기차게

008 いきなり 갑자기

009 いくぶん 얼마간, 약간

010 いずれ 어차피, 머지않아

011 いずれにしても 어느 쪽이든, 어쨌든

012 いちいち 일일이, 매사에

013 一段と(いちだん) 한층 더, 더욱 더

014 一斉に(いっせい) 일제히

015 一層(いっそう) 한층 더

016 一体(いったい) 도대체

017 一旦(いったん) 일단

018 いつの間にか(ま) 어느덧

019 一方(いっぽう) 한편

020 いよいよ 드디어

021 いらいら 안절부절

022 いわば 이른바, 소위

023 うっかり 무심코

024 うろうろ 우왕좌왕, 두리번두리번

025 うんと 아주, 매우

026 大いに(おお) 대단히, 매우

027 おそらく 아마, 어쩌면

028 おのおの 각각

029 思いっきり(おも) 실컷

030 主に(おも) 주로

031 思わず(おも) 무심코, 그만

032 およそ 대략, 대체로

か

033 かえって 오히려, 도리어

034 勝手に(かって) 제멋대로

035 必ずしも(かなら) 반드시(~ない)

036 かりに 가령, 만약

037 ぎっしり 꽉(가득 찬 모양)

038 ぐっすり 푹(자다)

039 くれぐれも 부디, 아무쪼록

040 決して(けっ) 결코(~ない)

041 げんに 실제로

042 こっそり 살짝, 몰래

さ

043 幸い(さいわ) 다행스럽게도

044 さすが 과연

045 さっさと 서둘러서

046 早速(さっそく) 즉시, 당장

047 ざっと 대충

048 さらに 더욱더

049 しいんと 조용하게

050 じかに 직접

051 至急(しきゅう) 급히, 시급하게

052 しきりに 계속해서, 자꾸만

053 次第(しだい)に 점차, 차츰

054 しっかり 빈틈없이, 착실하게

055 じっと 가만히

056 実(じつ)は 실은

057 しばしば 자주, 종종

058 しばらく 당분간

059 しみじみ 곰곰이, 차근차근

060 徐々(じょじょ)に 서서히, 천천히

061 少(すく)なくとも 적어도, 최소한

062 すっかり 완전히

063 すっきり 깔끔하게, 산뜻하게

064 ずっと 줄곧, 계속

065 すでに 이미, 벌써

066 せいぜい 겨우, 고작

067 せっかく 모처럼, 애써서

068 せっせと 부지런히, 열심히

069 絶対(ぜったい)に 절대로

070 ぜひとも 꼭, 부디

071 せめて 최소한, 적어도

072 続々(ぞくぞく)(と) 계속해서

073 そっくり 전부, 몽땅

074 そっと 살짝

075 そのうち 머지않아, 조만간

076 それなりに 그런 대로

た

077 大(たい)して 그다지(~ない)

078 多少(たしょう) 다소, 조금

079 直(ただ)ちに 즉시, 바로

080 たった 겨우, 고작

081 たっぷり 충분히, 듬뿍

082 たとえば 예를 들면

083 たびたび 가끔

084 単(たん)に 그저, 단지

085 近々(ちかぢか) 곧, 머지않아

086 ちゃくちゃく 착착, 순조롭게(진행되다)

087 どうか 제발, 아무쪼록

088 どうしても 무슨 일이 있어도, 꼭

089 どうせ 어차피

090 とうとう 드디어, 끝내

091 どうも 아무래도, 어쩐지

092 どきどき 두근두근

093 とっくに 훨씬 전에, 벌써

094 どっと 와~ 하고, 한꺼번에

095 とても 아무리 해도, 도저히(~ない)

な

096 なにも 별로, 일부러, 뭐

097 のろのろ 느릿느릿

098 のんびり 한가로이

は

099 果(は)たして 과연

100 ばったり 딱, 우연히

101 必死(ひっし)に 필사적으로

102 ぴったり 딱, 꼭(들어맞음)

103 一通(ひととお)り 대략, 대충

104 ひとまず 우선, 일단

105 ひとりでに 저절로, 혼자서

106 ぶつぶつ 투덜투덜

107 ふと 문득

108 ほぼ 거의

109 ぼんやり 멍하니

ま

110 まごまご 우물쭈물

111 まさか 설마

112 まさに 실로, 확실하게

113 まず 아마도, 거의(~ない)

114 まもなく 곧, 머지않아

115 まるで 마치

116 むしろ 오히려, 차라리

117 めったに 좀처럼(~ない)

118 最(もっと)も 가장, 제일

119 もともと 원래

や~わ

120 やがて 이윽고

121 やっと 겨우, 간신히

122 やや 약간, 조금

123 要(よう)するに 요컨대, 결국

124 ようやく 간신히

125 わざと 일부러

126 わずかに 불과, 아주 조금

127 割(わり)と 비교적

필수 경어

경어란 말하는 사람이 상대방에게 경의를 나타낼 때 쓰는 표현이다.

경어의 분류

❶ 정중어: 일반적으로 쓰는 정중한 말

❷ 존경어: 듣는 사람이나 대화 속에 등장하는 사람을 높이는 말

❸ 겸양어: 말하는 사람 자신을 낮춰서 간접적으로 상대방이나 다른 사람을 높이는 말

(1) 정중어

1 ～です/～ます ～(입)니다 / ～(합)니다

この店のパンはおいしいです。이 가게의 빵은 맛있습니다.

デパートで買い物をします。백화점에서 쇼핑을 합니다.

2 お/ご

お酒 술　ご家族 가족　お食事 식사

3 ござる

郵便局は駅の前にございます。우체국은 역 앞에 있습니다.

書類はあちらに置いてございます。서류는 저기에 놓여 있습니다.

(2) 존경어

1 お＋동사 ます형＋になる/ご＋한자어＋になる ～(하)시다

どうぞ、おかけになってください。자, 앉으십시오.

先生がご紹介になった本を読みました。선생님께서 소개하신 책을 읽었습니다.

2 ～(ら)れる ～(하)시다

先生は何時に戻られますか。선생님은 몇 시에 돌아오십니까?

3　お＋동사 ます형＋ください/ご＋한자어＋ください　~(해) 주십시오

そちらで少々(しょうしょう)お待ちください。그쪽에서 잠시 기다려 주십시오.

4　お＋ます형＋なさる/ご＋한자어＋なさる　~하시다

この本は木村(きむら)先生がお書きなさいました。
이 책은 기무라 선생님께서 쓰셨습니다.

5　お＋ます형＋です　~하고 계시다

ご予算(よさん)はいくらぐらいをお考えでしょうか。
예산은 얼마 정도를 생각하고 계십니까?

6　～で＋いらっしゃる　~이시다

山田様でいらっしゃいますか。
야마다님이십니까?

7　～て＋いらっしゃる　~하고 계시다

この前行った店、名前を覚(おぼ)えていらっしゃいますか。
요전에 갔던 가게, 이름을 기억하고 계십니까?

8　특수한 존경 표현

존경의 경어 동사

明日はどこかへいらっしゃいますか。내일은 어딘가에 가십니까?
あの映画(えいが)はもうご覧(らん)になりましたか。그 영화는 벌써 보셨습니까?

보통 동사	경어 동사 (존경)
いる 있다	いらっしゃる おいでになる
行(い)く 가다	いらっしゃる おいでになる お越(こ)しになる
来(く)る 오다	いらっしゃる おいでになる お越(こ)しになる お見(み)えになる

보통 동사	경어 동사 (존경)
する 하다	なさる
言う 말하다	おっしゃる
食べる 먹다 飲む 마시다	召し上がる
見る 보다	ご覧になる
知っている 알고 있다	ご存じだ
くれる (나에게)주다	くださる
寝る 자다	お休みになる

(3) 겸양어

1 お＋동사 ます형＋する/ご＋한자어＋する ~(하)다

これは林先生にお借りした本です。 이것은 하야시 선생님께 빌린 책입니다.

メールまたは電話でご連絡します。 메일 또는 전화로 연락 드리겠습니다.

2 お＋동사 ます형＋願う / ご＋한자어＋願う ~을 부탁드리다

ほかの日にちにご変更願いたいんですが。
다른 날짜로 변경을 부탁드리고 싶습니다만.

3 お＋동사 ます형＋申し上げる/ご＋한자어＋申し上げる ~말씀 드리다

大変ご迷惑をおかけしましたことを深くお詫び申し上げます。
매우 폐를 끼친 것을 깊이 사죄 말씀 드립니다.

4 ~させていただく ~(하)겠다

これから会議を始めさせていただきます。 이제부터 회의를 시작하겠습니다.

5 ~て＋いただく (상대에게) ~해 받다, (상대가) ~해 주시다

修正したところを一度見ていただきたいんですが。
수정한 곳을 한 번 봐 주셨으면 좋겠습니다만.

6 〜て＋おる ~하고 있다

田中はただいま外出しております。
다나카는 지금 외출 중입니다.

7 〜て＋まいる ~해 오다, ~해 가다

私は50年ぶりにふるさとに戻ってまいりました。
나는 50년 만에 고향으로 돌아왔습니다.

8 특수한 겸양 표현

겸양의 경어 동사

昨日はずっと家におりました。 어제는 쭉 집에 있었습니다.

パーティーで山田先生にお目にかかりました。 파티에서 야마다 선생님을 뵈었습니다.

보통 동사	경어 동사 (겸양)
いる 있다	おる
行く 가다 来る 오다	まいる
する 하다	いたす
言う 말하다	申す・申し上げる
食べる 먹다 飲む 마시다	いただく
聞く 듣다	うかがう
見る 보다	拝見する
借りる 빌리다	拝借する
知る 알다 思う 생각하다	存じる
会う 만나다	お目にかかる
見せる 보여주다	お目にかける・ご覧に入れる
分かる 이해하다	承知する・かしこまる

테마별 문법 정리 150

시간 및 순서를 나타내는 표현

번호	표현	예문
001	**～うちに** ～하는 동안에, ～하는 사이에	子どもが寝ているうちに 아이가 자고 있는 사이에
002	**～か～ないかのうちに** ～하자마자, ～하기가 무섭게	授業が終わるか終わらないかのうちに 수업이 끝나기가 무섭게
003	**～際** ～때, ～경우	こちらにいらっしゃる際には 이쪽에 오실 때에는
004	**～最中に** 한창 ～일 때	会議をしている最中に、携帯電話が鳴った 한창 회의를 하고 있을 때에 휴대폰이 울렸다
005	**～次第** ～하는 대로 (바로)	雨が上がり次第 비가 그치는 대로
006	**～たとたん(に)** ～한 순간, ～하자마자	母親の顔を見たとたん 어머니의 얼굴을 보자마자
007	**～たびに** ～할 때마다	あの歌を聞くたびに 그 노래를 들을 때마다
008	**～ついでに** ～하는 김에	家を建て替えるついでに 집을 개축하는 김에
009	**～て以来** ～한 이래	高校を卒業して以来会っていない 고등학교를 졸업한 이래 만나지 않았다
010	**～にあたって** ～에 즈음해서, ～때에	旅行の出発にあたって 여행 출발에 즈음하여
011	**～に際して** ～에 즈음하여	引っ越しに際して不用品を処分した 이사에 즈음하여 불필요한 물품을 처분했다
012	**～に先立って** ～에 앞서	試合に先立って、開会式が行われた 시합에 앞서 개회식이 거행되었다
013	**～につけ** ～할 때마다	この歌を聴くにつけ 이 노래를 들을 때마다
014	**～をきっかけに** ～을 계기로	日本旅行をきっかけに 일본 여행을 계기로
015	**～を契機に** ～을 계기로	就職を契機に 취직을 계기로

조건을 나타내는 표현

번호	표현	예문
016	**～以上(は)** ～하는 이상(에는)	試験を受けると決めた以上 시험을 보겠다고 결정한 이상
017	**～からには** ～한 이상에는	行くと言ったからには 간다고 한 이상에는
018	**～さえ～ば** ～만 ～하면	時間さえあれば 시간만 있으면

019	**～としたら・～とすれば** ～라고 한다면	花見に行くとしたら 꽃놀이를 간다고 한다면
020	**～ば～ほど** ～하면 ～할수록	見れば見るほどおもしろい 보면 볼수록 재미있다

이유·원인을 나타내는 표현

021	**～おかげで** ～덕분에	田中さんが手伝ってくれたおかげで 다나카 씨가 도와 준 덕분에
022	**～せいで** ～탓에	寝不足のせいで 수면부족 탓에
023	**～だけあって・～だけに** ～인 만큼 (당연히), ～이기 때문에 (역시)	ここは一流ホテルだけあって、雰囲気は最高だ 여기는 일류 호텔인 만큼 분위기는 최고다
024	**～たばかりに** ～한 탓에	店の予約をしなかったばかりに 가게 예약을 하지 않았던 탓에
025	**～につき** ～이므로	昼休みにつき、事務所は1時まで休みです 점심시간이므로, 사무실은 1시까지 쉽니다.

가능/곤란을 나타내는 표현

026	**～うる** ～할 수 있다	わたしには十分理解しうるものだった 나로서는 충분히 이해할 수 있는 것이었다
	～えない ～할 수 없다	彼がうそをついているなんてありえない 그가 거짓말을 하고 있다니 있을 수 없다
027	**～おそれがある** ～우려가 있다	息子は起こさないと、寝坊する恐れがある 아들은 깨우지 않으면 늦잠을 잘 우려가 있다
028	**～がたい** ～하기 어렵다, ～하기 힘들다	あれは信じがたいことだ 그것은 믿기 힘든 일이다
029	**～かねる** ～하기 어렵다, ～할 수 없다	彼の意見には賛成しかねます 그의 의견에는 찬성하기 어렵습니다
030	**～かねない** ～할지도 모른다, ～할 수도 있다	スピードを出しすぎると、事故を起こしかねない 속도를 너무 내면 사고를 일으킬 수도 있다
031	**～ざるをえない** ～하지 않을 수 없다	試合は中止せざるをえないだろう 시합은 중지하지 않을 수 없을 것이다
032	**～しかない** ～할 수밖에 없다	やると約束した以上、やるしかない 하겠다고 약속한 이상, 할 수밖에 없다
033	**～ずにはいられない** ～하지 않을 수 없다 〈자연스러운 상황〉	甘いものを見ると、手を出さずにはいられない 단 것을 보면, 손을 대지 않을 수 없다

034	**～ほかない** ～할 수밖에 없다	自分が悪いのだから、謝るほかない 내가 잘못했으니 사과할 수밖에 없다
035	**～ようがない** ～할 수가 없다, ～할 방법이 없다	料理の材料がまったくないので作りようがない 요리할 재료가 전혀 없기 때문에 만들 수가 없다

역접을 나타내는 표현

036	**～くせに** ～한 데도, ～한 주제에	何も知らないくせに 아무것도 모르는 주제에
037	**たとえ～ても** 비록 ～해도	たとえ困難があっても 비록 어려움이 있어도
038	**～つつ** ～하면서, ～이지만	列車に揺られつつ 열차에 흔들리면서 たばこは体に悪いと知りつつも 담배는 몸에 해롭다고 알면서도
039	**～といっても** ～라고 해도	春といってもまだ寒い 봄이라고 해도 아직 춥다
040	**～としても** ～라고 할지라도	たとえ失敗したとしても 설령 실패했다고 할지라도
041	**～ながら** ～하지만	すべてを知っていながら何も言わなかった 모든 것을 알고 있지만 아무 말도 하지 않았다
042	**～にしては** ～치고는	平日にしては、ずいぶん込んでいた 평일치고는 몹시 붐비고 있었다
043	**～にもかかわらず** ～에도 불구하고	約束したにもかかわらず、彼は来なかった 약속했음에도 불구하고, 그는 오지 않았다
044	**～反面** ～반면	斉藤先生は優しい反面、厳しいところもある 사이토 선생님은 상냥한 반면, 엄격한 면도 있다
045	**～わりに** ～에 비해서	よく食べるわりには、太らない 잘 먹는 것에 비해서는 살이 찌지 않는다

결과 및 결론을 나타내는 표현

046	**～あげく** ～한 끝에	お酒をたくさん飲んだあげく 술을 많이 마신 끝에
047	**～一方だ** ～하기만 한다	疲れもたまる一方だ 피로도 쌓이기만 한다
048	**～きり** ～한 채	私の本を持っていったきり 내 책을 가져 간 채
049	**～末(に)** ～한 끝에	彼は苦労した末に幸せをつかんだ 그는 고생한 끝에 행복을 찾았다

050	～にきまっている 반드시 ～하게 되어 있다	合格(ごうかく)するにきまっている 반드시 합격하게 되어 있다(합격할 것임에 틀림없다)
051	～にすぎない ～에 지나지 않는다	単(たん)なるうわさにすぎない 단순한 소문에 지나지 않는다
052	～に違(ちが)いない ～임에 틀림없다	すべて事実(じじつ)に違(ちが)いない 모두 사실임에 틀림없다
053	～にほかならない ～임에 다름없다, 다름아닌 ～이다	努力(どりょく)の結果(けっか)にほかならない 다름아닌 노력의 결과이다

상황을 설명하는 표현

054	～あまり ～한 나머지	暑(あつ)さのあまり食欲(しょくよく)も落(お)ちてしまった 더운 나머지 식욕도 떨어져 버렸다
055	～がちだ 자주 ～하다, ～하는 경향이 있다	運動不足(うんどうぶそく)になりがちだ 운동부족이 되기 쉽다
056	～かのようだ 마치 ～인 것 같다	まるで冬(ふゆ)に戻(もど)ったかのようだ 마치 겨울로 돌아간 것 같다
057	～かわりに ～대신에	駅(えき)から遠(とお)いかわりに、家賃(やちん)が安(やす)い 역에서 먼 대신에 집세가 싸다
058	～くらい・～ぐらい ～정도	歩(ある)けないくらいだ 걸을 수 없을 정도다
059	～さえ ～조차	食事(しょくじ)をする時間(じかん)さえない 식사를 할 시간조차 없다
060	～次第(しだい)だ ～나름이다, ～에 달려 있다	本人(ほんにん)の努力次第(どりょくしだい)だ 본인의 노력에 달려 있다
061	～だらけ ～투성이	いつもゴミだらけだ 언제나 쓰레기투성이다
062	～つつある ～하고 있는 중이다	新(あたら)しいビルが完成(かんせい)しつつある 새로운 빌딩이 완성되고 있다
063	～てしょうがない ～해서 견딜 수 없다, 너무 ～하다	お腹(なか)がすいてしょうがない 배가 고파서 견딜 수가 없다(너무 배가 고프다)
064	～てたまらない ～해서 견딜 수 없다, 너무 ～하다	かぜ薬(ぐすり)のせいか、眠(ねむ)くてたまりません 감기약 탓인지, 졸려서 견딜 수 없습니다
065	～てならない ～해서 견딜 수 없다, 너무 ～하다	目(め)の前(まえ)で事故(じこ)を見(み)て、怖(こわ)くてならなかった 눈앞에서 사고를 보고 무서워서 견딜 수 없었다
066	～といった ～와 같은	食器(しょっき)やタオルといった日用品(にちようひん)を扱(あつか)う 식기나 수건과 같은 일상용품을 취급하다
067	～とおり・～どおり ～대로	みんなの予想(よそう)どおりだった 모두가 예상한 대로였다
068	～ほど ～정도, ～만큼	君(きみ)の気持(きも)ちは痛(いた)いほどわかる 자네의 기분은 뼈저릴 정도로 잘 안다
069	～を通(つう)じて・～を通(とお)して ～을 통해서	旅(たび)を通(つう)じていろいろな経験(けいけん)をした 여행을 통해서 다양한 경험을 했다

상호관계를 나타내는 표현

번호	표현	예문
070	**~一方(で)** ~하는 한편(으로)	車は便利である一方で、大気汚染のもとにも 차는 편리한 한편으로, 대기오염의 원인도
071	**~というより** ~라기보다	卒業は終わりというより新たな出発だ 졸업은 마지막이라기보다 새로운 출발이다
072	**~とともに** ~과 함께, ~에 따라	家族とともに 가족과 함께 物価の上昇とともに 물가 상승에 따라
073	**~に応じて** ~에 상응하여, ~에 부응하여	所得に応じて税金を払う 소득에 상응하여 세금을 낸다 お客様のご希望に応じて 손님의 희망에 맞추어
074	**~にかかわらず** ~에 관계없이	男女にかかわらずだれでも 남녀에 관계없이 누구나
075	**~に比べ(て)** ~에 비해	今年は昨年に比べて 올해는 작년에 비해
076	**~にこたえて** ~에 부응하여	親の期待にこたえて 부모의 기대에 부응하여
077	**~にしたがって・~にしたがい** ~에 따라	製品の普及にしたがい 제품의 보급에 따라
078	**~につれて** ~에 따라	医学の発達につれて 의학의 발달에 따라
079	**~にともなって・~にともない** ~에 따라	工業化にともなって 공업화에 따라
080	**~に反して** ~에 반해, ~과는 달리	進学を望む親の期待に反して彼は就職した 진학을 바라는 부모의 기대에 반해 그는 취직했다
081	**~によって** ~에 의해, ~에 따라	インターネットによって 인터넷에 의해
082	**~ぬきで・~をぬきにして** ~을 빼고, ~을 제외하고	日本語は漢字抜きでは語れない 일본어는 한자를 빼고는 말할 수 없다
083	**~のみならず** ~뿐만 아니라	日本国内のみならず海外でも 일본 국내뿐만 아니라 해외에서도
084	**~ばかりか・~ばかりでなく** ~뿐만 아니라	言葉ばかりか態度も生意気である 말뿐만 아니라 태도도 건방지다
085	**~はともかく** ~은 어쨌든	味はともかく、値段は安い 맛은 어쨌든 가격은 싸다
086	**~はもちろん・~はもとより** ~은 물론	英語はもちろん、日本語も通じる 영어는 물론 일본어도 통한다
087	**~もかまわず** ~도 상관하지 않고	彼女は人目もかまわず大声で泣いた 그녀는 남의 눈도 개의치 않고 큰 소리로 울었다

088	～も～ば(なら)～も ~도 ~하거니와 ~도	彼は歌も上手なら踊りもうまい 그는 노래도 잘하거니와 춤도 잘 춘다
089	～を問わず ~을 불문하고	昼夜を問わずにぎやかだ 밤낮을 불문하고 북적인다

대상을 나타내는 표현

090	～から～にかけて ~부터 ~에 걸쳐	おとといから今日にかけて 그저께부터 오늘에 걸쳐
091	～こそ ~야말로	これこそ日本の味だ 이것이야말로 일본의 맛이다
092	～上 ~상, ~상으로	それは理論上不可能である 그것은 이론상 불가능하다
093	～というと・～といえば ~라면, ~으로 말하자면	東京の花見の名所といえば上野公園だ 도쿄의 꽃놀이 명소로 말하자면 우에노 공원이다
094	～において ~에 있어서, ~에서	卒業式は講堂において行われる予定である 졸업식은 강당에서 거행될 예정이다
095	～にかけては ~에 관한 한	数学にかけては、彼女はクラスで一番だ 수학에 관한 한 그녀는 반에서 일등이다
096	～に関して ~에 관해서	この件に関しては 이 건에 관해서는
	～に関する ~에 관한	車に関する写真集 차에 관한 사진집
097	～にそって ~에 따라, ~을 따라	会議の決定にそって 회의의 결정에 따라
098	～に対して ~에 대해서, ~에게	自分の言動に対して 자신의 말과 행동에 대해서
		見事なスピーチをした彼に対して 훌륭한 연설을 한 그에게
	～に対する ~에 대한	お客さんに対する態度 손님에 대한 태도
099	～について ~에 대해서	あの人についてわたしは何も知りません 그 사람에 대해서 나는 아무것도 모릅니다
100	～にとって ~에게 있어서, ~에게	あなたにとって一番大切な思い出 당신에게 있어서 가장 소중한 추억
101	～に基づいて ~에 근거해서	これまでの調査にもとづいて 지금까지의 조사에 근거하여
102	～にわたって ~에 걸쳐서	会議は5時間にわたって 회의는 5시간에 걸쳐서
103	～向け ~대상, ~용	海外向けの商品を開発する 해외를 겨냥한 상품을 개발한다
104	～を込めて ~을 담아	愛を込めて、夫の弁当を作った 애정을 담아, 남편의 도시락을 만들었다

105	**～をはじめ(として)** ～을 비롯하여	家族をはじめ、多くの友人が 가족을 비롯하여 많은 친구가
106	**～をめぐって** ～을 둘러싸고	学校の移転をめぐって 학교 이전을 둘러싸고
107	**～をもとに** ～을 기초로, ～을 바탕으로	たくさんの資料を基に 많은 자료를 바탕으로

こと를 사용하는 표현

108	**～ことか** ～한가!, ～란 말인가! 〈감탄, 탄식〉	今まで何度たばこを止めようと思ったことか 지금까지 몇 번이나 담배를 끊으려고 생각했던가!
109	**～ことだ** ～해야 한다, ～하는 것이 좋다	できるかどうかまずはやってみることだ 할 수 있는지 어떤지 우선은 해 보아야 한다
110	**～ことだから** ～이니까	優しい彼女のことだから 상냥한 그녀이니까
111	**～ことなく** ～하지 않고	20年間休むことなく 20년간 쉬지 않고
112	**～ことに** ～하게도	残念なことに、試合は雨で中止になった 유감스럽게도 시합은 비 때문에 취소되었다
113	**～ことになっている** ～하기로 되어 있다	明日鈴木さんに会うことになっている 내일 스즈키 씨를 만나기로 되어 있다
114	**～ことはない** ～할 필요는 없다	そんなに謝ることはないよ 그렇게 사과할 필요는 없어
115	**～ということだ** ～라는 것이다, ～라고 한다 〈인용, 전달〉	ニュースによると、バス代があがるということだ 뉴스에 따르면, 버스요금이 오른다고 한다
116	**～ないことには** ～하지 않고서는	実際行ってみないことには 실제로 가 보지 않고서는
117	**～ないこともない** ～못할 것도 없다	これぐらいの問題なら解けないこともない 이 정도의 문제라면 풀지 못할 것도 없다

もの를 사용하는 표현

118	**～というものだ** (바로) ～인 것이다, ～인 법이다	大きな声を出すのは非常識というものだ 큰 소리를 내는 것은 몰상식한 일인 것이다
119	**～というものではない** (반드시) ～하는 것은 아니다	成績があがるというものではない 성적이 오르는 것은 아니다
120	**～ものがある** 왠지 ～라고 느껴지다, ～한 데가 있다	彼の演説には、人々を感動させるものがある 그의 연설에는 사람들을 감동시키는 데가 있다

121	**～ものだ** ~한 법이다, ~하곤 했다, (정말) ~로구나	地震のときは、だれでもあわてるものだ 지진이 났을 때는 누구라도 당황하는 법이다
		昔はよく映画を見たものだ 옛날에는 자주 영화를 보곤 했다
		何度来てもいいものですね 몇 번 와도 좋군요
122	**～ものだから** ~하기 때문에	あまりにも眠かったものだから 너무 졸려서
123	**～ものなら** ~할 수만 있다면	帰れるものなら、今すぐ国へ帰りたい 돌아갈 수만 있다면 지금 당장 고국으로 돌아가고 싶다
124	**～ものの** ~이지만	便利なものの運賃が高い 편리하지만 운임이 비싸다

わけ를 사용하는 표현

125	**～わけがない** ~할 리가 없다	努力をしないで成功するわけがない 노력을 하지 않고 성공할 리가 없다
126	**～わけではない** (반드시) ~하는 것은 아니다	ぜんぜん食べないわけではない 전혀 먹지 않는 것은 아니다
127	**～わけにはいかない** ~할 수는 없다	あなたにあげるわけにはいかない 당신에게 줄 수는 없다

ところ・どころ를 사용하는 표현

128	**～たところ** ~했더니	会場の問い合わせをしたところ 모임장소를 문의했더니
129	**～どころか** ~은커녕, ~은 물론	風邪はよくなるどころか 감기는 나아지기는커녕
		アジアどころかアフリカにまで 아시아는 물론 아프리카에까지
130	**～どころではない** ~할 상황이 아니다	仕事が忙しくて旅行するどころではない 일이 바빠서 여행갈 상황이 아니다
131	**～ところに・～ところへ** ~하는 상황에, ~때에	テストの準備で忙しいところに 시험준비로 바쁜 때에
	～ところを ~하는 상황을	あくびをしたところを写真にとられた 하품을 한 모습을 사진 찍혔다

から를 사용하는 표현

132	**~からいうと・~からいって** ~로 보아, ~에서 보면	現状から言って 현재 상황으로 보아
133	**~からして** ~부터가	その発想からしておもしろい 그 발상부터가 재미있다
134	**~からすると・~からすれば** ~로 보아, ~입장에서 보면	彼の態度からすると 그의 태도로 보아
135	**~からといって** ~라고 해서	金持ちだからといって幸せとは限らない 부자라고 해서 행복하다고는 단정할 수 없다
136	**~からみると・~からみれば** ~로 보아	この成績からみると 이 성적으로 보아
137	**~てからでないと** ~하고 나서가 아니면	家族と相談してからでないと 가족과 상담하고 나서가 아니면

うえ를 사용하는 표현

138	**~上で** ~하고 나서, ~한 후에	結果は審査のうえで 결과는 심사한 후에
139	**~上に** ~한 데다가 〈첨가〉	勉強もできる上に、性格もいい 공부도 잘하는 데다가 성격도 좋다

限る를 사용하는 표현

140	**~限り** ~하는 한	やむを得ない事情がない限り 어쩔 수 없는 사정이 없는 한
141	**~とは限らない** ~라고는 (단정)할 수 없다	値段が高いからといって質がいいとは限らない 가격이 비싸다고 해서 질이 좋다고는 할 수 없다
142	**~にかぎり** ~에 한해	20名以上の団体に限り 20명 이상인 단체에 한하여
	~にかぎって ~인 경우만은, 꼭 ~때만	留守のときに限って、荷物が届いたりする 꼭 부재중일 때만 짐이 도착하거나 한다
143	**~に限らず** ~뿐만 아니라	コンビニに限らず 편의점뿐만 아니라

동사의 ます형에 접속하는 표현

번호	표현	예문
144	**～かけ** ～하다 만 상태임, ～하던 도중임	食べかけのケーキ 먹다 만 케이크
145	**～きる** 전부 ～하다	開封後は早めに使いきりましょう 개봉후에는 빠른 시간 내에 전부 사용합시다
	～きれる 전부 ～할 수 있다	一晩で読みきれるわけがない 하룻밤 만에 다 읽을 수 있을 리가 없다
	～きれない 전부 ～할 수 없다	食べ切れなかった料理 다 먹을 수 없었던 음식
146	**～ぬく** 끝까지 ～하다, 몹시 ～하다	マラソンの全コースを走りぬいた 마라톤 전코스를 완주했다
		冬の寒さに困りぬいている 겨울철 추위에 몹시 곤란하다(매우 힘들다)

기타

번호	표현	예문
147	**～べきだ** ～해야 한다	自分の行動は自分で責任をとるべきだ 자신의 행동은 자신이 책임을 져야 한다
	～べきではない ～해서는 안 된다	夫婦喧嘩はするべきではない 부부싸움은 해서는 안 된다
148	**～まい** ～하지 않을 것이다, ～하지 않겠다	明日は雨は降るまい 내일은 비는 내리지 않을 것이다
		このことはだれにも言うまい 이 일은 누구에게도 말하지 않겠다
149	**～(よ)うじゃないか** ～하자, ～하지 않겠는가	散歩でもしようじゃないか 산책이라도 하지 않겠는가? (산책이라도 하자)
150	**～ように** ～하도록	忘れないようにメモしておこう 잊지 않도록 메모해 두자

N2문법 색인

＊색인과 함께 문법 학습에 대한 체크 목록으로 활용하세요.

か

た

な

や

わ～を

N3 필수 문법 70선

001	**~おきに** ~걸러서, ~간격으로	蛍光灯を一つおきに外した。 형광등을 하나 간격으로 뺐다.
002	**お+동사의 ます형+する/** **ご+한자어+する** ~하다 〈겸양, 겸손〉	解約の理由をお聞きしてもよろしいでしょうか。 해약 이유를 여쭈어도 될까요?
003	**お+동사의 ます형+になる/** **ご+한자어+になる** ~하시다 〈존경〉	先生は何とお答えになりましたか。 선생님께서는 무엇이라고 대답하셨습니까?
004	**~おわる** 다 ~하다	その本、読みおわったら貸してくださいませんか。 그 책, 다 읽으면 빌려 주시지 않겠습니까?
005	**~方** ~하는 방법	この漢字の読み方を教えてください。 이 한자 읽는 법을 가르쳐 주세요.
006	**~かというと・~かといえば** ~인가 하면 〈이유 설명〉	なぜ電車が遅れてきたかというと、雪がたくさん降ったからだ。 왜 전철이 늦게 왔는가 하면, 눈이 많이 내렸기 때문이다.
007	**~かどうか** ~인지 어떤지	彼の言っていることが本当かどうかは分からない。 그가 말하는 것이 사실인지 어떤지는 모른다.
008	**~がる** ~해 하다 〈제3자의 동작이나 생각〉	相手が嫌がる場合もあるので、気を付けようと思う。 상대가 싫어하는 경우도 있으므로 조심하려고 한다.
009	**~ことができる** ~할 수 있다 〈가능〉	山田さんはフランス語を話すことができます。 야마다 씨는 프랑스어를 말할 수 있습니다.
010	**~ことにする** ~하기로 하다	夏期の開館時間を1時間延長することにします。 하기 개관시간을 1시간 연장하기로 합니다.
011	**~ことにしている** ~하기로 하고 있다 〈습관〉	毎朝６時に起きることにしている。 매일 아침 6시에 일어나기로 하고 있다.
012	**~ことになる** ~하게 되다	来月一人で海外出張することになった。 다음 달에 혼자서 해외출장을 가게 되었다.
013	**~ことになっている** ~하기로 되어 있다 〈약속, 규칙〉	一緒に行くことになっていたのに、一人で行っちゃったのかな。 같이 가기로 되어 있었는데 혼자서 가버린 건가.
014	**~ごとに** ~마다	この会は半年ごとに開かれます。 이 모임은 반 년마다 열립니다.

015	**~(さ)せていただきます** ~하겠습니다 〈겸양〉	ぜひ青木先輩のお話を聞かせていただけないでしょうか。 꼭 아오키 선배님의 이야기를 들을 수 없을까요?
016	**~(さ)せる** ~하게 하다, ~시키다 〈사역〉	先生は彼に発表をさせた。 선생님은 그에게 발표를 시켰다.
017	**~(さ)せられる** 어쩔 수 없이 ~하게 되다 〈사역수동〉	私は母に部屋の掃除をさせられました。 나는 (엄마가 시켜서) 억지로 방청소를 하게 됐습니다.
018	**~中** 모든~, 전부~	地震で町じゅうの家が壊れてしまった。 지진으로 온 마을의 집들이 파손되어 버렸다.
019	**~すぎる** 너무 ~하다	歩きすぎて足が痛い。너무 걸어서 다리가 아프다.
020	**(~する)ことがある** ~하는 경우가 있다	ときどき日本の映画を見ることがある。 때때로 일본영화를 보는 경우가 있다.
021	**(~する)ところだ** ~하려는 참이다	今から出かけるところです。 지금부터 외출하려는 참입니다.
022	**~そうだ** ~라고 한다 〈전문, 전달〉	天気予報によると、明日は雨が降るそうだ。 일기 예보에 의하면, 내일은 비가 내린다고 한다.
023	**~そうだ** ~해 보인다, ~할 것 같다 〈추측〉	今にも動き出しそうな生命力にあふれている。 당장이라도 움직일 것 같은 생명력으로 넘치고 있다.
024	**~だけでなく** ~뿐만 아니라	彼女は歌だけでなく、ピアノも上手だ。 그녀는 노래뿐만 아니라, 피아노도 잘 친다.
025	**~たことがある** ~한 적이 있다	私はアメリカに二度行ったことがある。 나는 미국에 두 번 간 적이 있다.
026	**~出す** ~하기 시작하다	急に雨が降り出した。갑자기 비가 내리기 시작했다.
027	**~たところだ** 막 ~한 참이다	今、終わったところです。지금 막 끝난 참입니다.
028	**~ているところだ** ~하고 있는 중이다	今、手紙を書いているところです。 지금, 편지를 쓰고 있는 중입니다.
029	**~たばかりだ** 막 ~한 참이다	さっきご飯を食べたばかりだというのに、もうおなかがすいてきた。 조금 전 밥을 먹은지 얼마 안 됐는데, 벌써 배가 고파졌다.
030	**~たほうがいい** ~하는 편이 좋다	風邪のときはゆっくり休んだほうがいいですよ。 감기에 걸렸을 때는 푹 쉬는 것이 좋아요.
031	**~たまま** ~한 채	あとで私も使うから、電源は入れたままにしておいて。 나중에 나도 쓸 거니까 전원은 켠 채로 둬.
032	**~たら** ~했더니 〈발견〉	風邪薬を飲んだら眠くなってきた。 감기약을 먹었더니 졸음이 왔다.

033	**〜つづける** 계속 〜하다	彼女はその手紙を読んだ後、ずっと泣きつづけた。 그녀는 그 편지를 읽은 후에 줄곧 계속 울었다.
034	**〜てある** 〜해져 있다	本の後ろに名前が書いてある。 책 뒤에 이름이 쓰여져 있다.
035	**〜ていく** 〜해 가다	国に帰っても日本語の勉強を続けていくつもりです。 고국으로 돌아가도 일본어 공부를 계속해 갈 생각입니다.
036	**〜ている** 〜하고 있다	雪が降っている。눈이 내리고 있다.
037	**〜ておく** 〜해 두다	その仕事は私が明日までにやっておきます。 그 일은 제가 내일까지 해 두겠습니다.
038	**〜てくる** 〜해 오다, 〜해지다	だいぶ暖かくなってきました。 상당히 따뜻해졌습니다.
039	**〜てしまう** 〜해 버리다	事故のため、会社に遅刻してしまった。 사고 때문에 회사에 지각해 버렸다.
040	**〜てはいけない** 〜해서는 안 된다	ここにごみを捨ててはいけません。 이곳에 쓰레기를 버려서는 안 됩니다.
041	**〜てばかり** 〜하고 만	寝てばかりいないで、外に出かけたら？ 자고만 있지 말고, 밖에 나가는 게 어때?
042	**〜てみる** 〜해 보다	これを一度使ってみてください。 이것을 한 번 사용해 보세요.
043	**〜てもいい** 〜해도 좋다(괜찮다)	私は、いつ雨が降ってもいいように、常に傘を持ち歩いている。 나는 언제 비가 와도 괜찮도록, 항상 우산을 갖고 다니고 있다.
044	**〜てもかまわない** 〜해도 상관없다, 〜해도 좋다	テレビを見たい人は見てもかまいません。 텔레비전을 보고 싶은 사람은 봐도 상관없습니다.
045	**〜という・〜って** 〜라는 〈인용〉	「うみ」という漢字はどう書きますか。 「바다」라는 한자는 어떻게 씁니까? アイスの食べ過ぎでおなかが痛くなったって連絡あったよ。 아이스크림을 너무 많이 먹어서 배탈이 났다는 연락이 왔었어.
046	**〜ということだ** 〜라는 것이다, 〜라고 한다	天気予報によると、明日は雨が降るということだ。 일기 예보에 의하면, 내일은 비가 내린다고 한다.
047	**〜と言われる** (흔히) 〜라고 한다	秋は読書にいい季節だと言われている。 가을은 흔히 독서하기 좋은 계절이라고 말한다.
048	**〜とか** 〜라든가	デパートでコートとかくつとか、いろいろ買いました。 백화점에서 코트라든가 구두라든가, 여러 가지 샀습니다.

049	**～として** ~로서	携帯電話は生活に欠かせない道具として定着したといえる。 휴대폰은 생활에 빠뜨릴 수 없는 도구로서 정착했다고 할 수 있다.
050	**～ないで** ① ~하지 않고 ② ~하지 마〈문말〉	妹は、ご飯を食べないで学校に行った。 여동생은, 밥을 먹지 않고 학교에 갔다. まだ5分もあるでしょう。そんなに急がせないでよ。 아직 5분이나 있잖아. 그렇게 재촉하지 마.
051	**～ずに** ~하지 않고	せっけんを使いすぎずに、さっと洗うのが肌にはよい。 비누를 지나치게 쓰지 않고, 살짝 씻는 것이 피부에는 좋다.
052	**～なくてはいけない** ~하지 않으면 안 된다	約束は守らなくてはいけない。 약속은 지키지 않으면 안 된다.
053	**～なくてもいい** ~하지 않아도 된다	明日は学校へ行かなくてもいいです。 내일은 학교에 가지 않아도 됩니다.
054	**～なくてもかまわない** ~하지 않아도 상관없다, ~하지 않아도 좋다	電話番号だけでいいので、住所は書かなくてもかまいません。 전화번호만으로도 좋으니, 주소는 쓰지 않아도 괜찮습니다.
055	**～なければならない** ~해야 한다	用事があって、早く帰らなければならない。 볼일이 있어서 빨리 돌아가야 한다.
056	**～にくい** ~하기 어렵다, ~하기 불편하다	このくつは大きくて歩きにくい。 이 신발은 커서 걷기 불편하다.
057	**～のだ** ~인 것이다 〈~んだ는 회화체〉	ちょっと話したいことがあるんですが。 좀 이야기하고 싶은 것이 있습니다만.
058	**～ばかり** ~만	ストレスは悪いものだとばかり思っていた。 스트레스는 나쁜 것이라고만 생각하고 있었다.
059	**～はじめる** ~하기 시작하다	急に空が暗くなって強い風が吹きはじめた。 갑자기 하늘이 어두워지고 강한 바람이 불기 시작했다.
060	**～はずがない** ~할 리가 없다	彼がそんなことを言うはずがない。 그가 그런 말을 할 리가 없다.
061	**～はずだ** (틀림없이) ~할 것이다	何回も説明したので、よく分かっているはずだ。 몇 번이나 설명했으니 잘 알고 있을 것이다.
062	**～ぶり** ~만	5年ぶりに友だちに会った。 5년 만에 친구를 만났다.
063	**～ほど～ない** ~만큼 ~않다	今年の夏は、去年の夏ほど暑くない。 올 여름은 작년 여름만큼 덥지 않다.

064	～やすい ~하기 쉽다	白(しろ)いシャツは汚(よご)れやすい。 흰 셔츠는 더러워지기 쉽다.
065	～ようだ ~한 것 같다 〈추측〉	どうもその計画(けいかく)はあきらめなければならないようだ。 아무래도 그 계획은 포기하지 않으면 안 될 것 같다.
066	～ように ~처럼, ~같이 〈비유〉	中古車(ちゅうこしゃ)ですが、ご覧(らん)のように新車(しんしゃ)と変(か)わらないくらいきれいですよ。 중고차입니다만, 보시는 바와 같이 새차와 다름없을 정도로 깨끗해요.
067	～らしい ~답다 〈접미어〉	彼(かれ)は力(ちから)が強(つよ)くて男(おとこ)らしい人(ひと)です。 그는 힘이 세고 남자다운 사람입니다.
068	～らしい ~같다, ~라는 것 같다 〈조동사〉	明日(あした)は雨(あめ)が降(ふ)るらしい。 내일은 비가 내린다는 것 같다.
069	～れる/られる ~되다, ~당하다 〈수동〉	成績(せいせき)が悪(わる)くて母(はは)にしかられた。 성적이 나빠서 어머니에게 야단맞았다.
070	～れる/られる ~하시다 〈존경〉	先生(せんせい)、もうこの本(ほん)を読(よ)まれましたか。 선생님, 벌써 이 책을 읽으셨습니까?

예문 해석

001~030

001 시험을 보겠다고 결정한 **이상**, 열심히 공부해서 합격하고 싶다.
그의 제안은 거절할 이유가 없는 **이상**, 받아들일 수밖에 없을 것이다.
사원인 **이상**, 회사의 명령에는 따르지 않으면 안 된다.

002 일본에 오는 외국인의 수는 늘**기만 한다**.
최근 잔업이 계속되어 피로도 쌓이**기만 한다**.
장마도 끝나서, 앞으로는 점점 더 더워지**기만 한다**.

003 1. 젊은 **동안에** 여러 가지 일들을 해 보고 싶습니다.
아이가 자고 있는 **사이에** 청소를 하는 편이 좋을 것이다.
2. 어두워지**기 전에** 돌아갑시다.
추워지**기 전에** 두꺼운 커튼을 세탁해 두자.

004 다나카 씨가 도와준 **덕분에** 일이 꽤 빨리 끝났다.
이 지방은 습도가 낮은 **덕분에** 공기도 상쾌해서 기분이 좋다.
이 발표회는, 여러분 **덕분에** 무사히 마칠 수 있었습니다.

005 아들은 깨우지 않으면 늦잠을 잘 **우려가 있다**.
오늘 밤 태풍이 일본에 상륙할 **우려가 있다**.
이 약은 부작용을 일으킬 **우려가 있습니다**.

006 전쟁이 계속되는 **한**, 평화는 기대할 수 없다.
어쩔 수 없는 사정이 없는 **한**, 중도해약은 할 수 없습니다.
당점에서는, 가능한 **한** 신선한 재료를 사용하여 요리를 만들고 있습니다.

007 차로 통근하면 운동부족이 되**기 쉽다**.
자취는 영양의 균형이 나빠지**기 쉽다**.
남동생은, 어렸을 적부터 병치레가 **잦았다**.

008 무리한 다이어트는 건강을 해칠 **가능성이 있다**.
속도를 너무 내면 사고를 일으킬 **수도 있다**.
지금 당장 대책을 세우지 않으면 큰일이 날 **수도 있다**.

009 이 상품은, 개봉 후에는 빠른 시간내에 **전부** 사용합**시다**.
〈전부 ~하다〉
이렇게 두꺼운 책을 하룻밤에 **다** 읽을 **수 있을** 리가 없다
〈전부 ~할 수 있다〉
레스토랑에서 **다** 먹지 **못한** 음식은 포장도 가능하다.
〈전부 ~할 수 없다〉

010 1. 무릎이 아파서 걸을 수 없을 **정도다**.
너무 무서워서, 큰 소리로 외치고 싶을 **정도**였다.
2. 자기 방 **정도**는 스스로 청소하렴.
사람을 만나면 인사 **정도**는 하는 법이다.

011 당신이 혼자서 책임을 느낄 **필요는** 없다.
간단한 수술이니까, 아무것도 걱정할 **것** 없어.
네가 나쁜 것이 아니니까, 그렇게 사과할 **필요는** 없어.

012 이런 폭우라면 시합은 중지하**지 않을 수 없을** 것이다.
아버지가 갑자기 입원해서 해외 여행은 포기하**지 않을 수 없다**.
급한 업무가 있으면 휴일 출근도 하**지 않을 수 없다**.

013 하겠다고 약속한 이상, 할 **수밖에 없다**.
이 병을 고치려면, 수술할 **수밖에 없다**.
버스도 전철도 없는 곳이라서, 걸어서 갈 **수밖에 없다**.

014 비가 그치는 **대로** 외출합시다.
주문하신 상품이 들어오는 **대로** 연락 드리겠습니다.
수업이 끝나는 **대로**, 방과후 클럽 활동에 참가한다.

015 그는 고생한 **끝에** 행복을 찾았다.
무엇을 살지 몹시 망설인 **끝에**, 가장 작은 것을 샀다.
격렬한 싸움 **끝에**, 1점차로 우리 팀이 승리했다.

016 그는 어릴 적에 미국에서 자란 **만큼** 영어 발음이 좋다.
이 레스토랑은 유명한 **만큼** 요리는 모두 맛있었다.
그는 학생회장**이기 때문에**, 모두에게 신뢰받고 있다.

017 **설령** 어려움이 있더**라도** 끝까지 힘을 내자.
비록 돈이 없어**도** 사랑하는 가족과 함께라면 행복하다.
나카야마 씨는 **설령** 술자리**일지라도** 예의를 지키는 사람이다.

018 그 노래를 들을 **때마다**, 어린 시절이 생각난다.
하나코 씨는 만날 **때마다** 복장이 다르다.
야마다 씨는 여행을 갈 **때마다** 그림엽서를 사다 준다.

019 집을 개축하는 **김에**, 정원에 작은 연못을 만들고 싶다.
역 앞까지 간 **김에**, 새로 생긴 찻집에서 커피를 마셨다.
쇼핑하는 **김에**, 편지를 부치고 왔다.

020 지금부터 선생님이 말하는 **대로** 도형을 그려 주세요.
오늘 날씨는 어제 했던 예보**대로**였다.
결과는 모두의 예상**대로**였다.

021 만약 당신이 나**라면** 어떻게 하겠습니까?
경험이 풍부한 그에게 어렵다**고 한다면**, 나같은 사람에게 가능할 리가 없다.
이 근처에서 꽃놀이를 간다**고 한다면**, 어디가 좋을까요?

022 설령 실패했다**고 할지라도** 지금까지의 노력은 헛되지 않을 것이다.
급여가 높다**고 해도**, 그런 재미없는 일은 하고 싶지 않다.
아무리 좋은 상품**이라고 해도**, 아무에게도 보이지 않는 장소에 있으면 팔리지 않을 것이다.

023 사장이 바뀐다는 이야기는 단순한 소문**에 지나지 않는다**.
이 책은 잘 팔리고 있다고는 해도, 학생들에게 읽혀지고 있는 것**에 지나지 않는다**.
사례는 필요 없습니다. 저는 당연한 일을 한 것**에 지나지 않습니다**.

024 자신의 말과 행동**에 대해서** 책임을 져야 한다.
훌륭한 연설을 한 그**에게** 박수가 쏟아졌다.
이 가게에서는 손님**에 대한** 태도에 주의를 기울이고 있다.

025 지진**에 의해** 많은 피해가 발생했다. 〈원인〉
인터넷**에 의해** 다양한 정보를 얻을 수 있다. 〈수단・방법〉
나라**에 따라** 문화나 관습이 다르다. 〈차이〉

026 이 드라마는 **보면** 볼**수록** 재미있다.
이 병의 치료는 빠르**면** 빠를**수록** 좋습니다.

가전제품의 조작은 간단**하면** 간단**할수록** 좋다.

027 자신의 행동은 자신이 책임을 져**야 한다**.
약속한 이상 지켜**야 한다**.
자식 앞에서 부부 싸움은 해**서는 안 된다**.

028 너무 더워서 쓰러지는 사람도 있을 **정도**였다.
자네의 기분은 뼈저릴 **정도로** 잘 안다.
사고를 당했을 때**만큼** 무서웠던 적은 없다.

029 희망하는 대학에 들어갈 수 있**도록** 열심히 공부하겠습니다.
뒷사람에게도 잘 보이**도록** 글씨를 크게 썼다.
중요한 일이니까 잊지 않**도록** 메모해 두자.

030 그녀는 잘 먹는 것**에 비해서**는 살이 찌지 않는다.
이 회사의 제품은 가격이 싼 것**에 비해서** 품질이 좋다.
그녀는 나이**에 비해** 젊어 보인다.

031~060

031 발표할 때, 긴장한 **나머지**, 연설할 내용을 잊어 버렸다.
그녀는 합격통지를 받고, 기쁜 **나머지** 눈물을 흘렸다.
더운 **나머지** 식욕도 떨어져 버렸다.

032 실제 상품을 보고 **나서** 살지 말지를 결정하겠습니다.
충분히 준비 운동을 한 **후에** 수영하세요.
결과는 심사한 **후에** 알려 드리겠습니다.

033 다나카 군은 공부도 잘하는 **데다가**, 성격도 좋다.
일본의 여름은, 기온이 높은 **데다가** 습도도 높다.
이 주변은 교통이 편리한 **데다가**, 상점가도 가까워서 생활하기 편리하다.

034 그의 의견에는 찬성하**기 어렵습니다**.
그가 하고 있는 일은 도무지 이해할 **수 없다**.
죄송합니다만, 예약이 꽉 차서 희망에 부응할 **수 없습니다**.

035 오늘은 마치 겨울로 돌아간 **것 같은** 추운 하루였다.
벌써 2주일이나 잔업을 계속했는데, 그는 피로를 모르는 **것처럼**, 아직 아무렇지도 않다.
단순한 감기인데도, 마치 위중한 병인 **것처럼** 야단스레 소란을 피우고 있다.

036 그저께**부터** 오늘**에 걸쳐** 비가 계속 내리고 있다.
이 나라의 대학에서는 5월**부터** 6월**에 걸쳐** 졸업식이 거행된다.
어젯밤, 관동지방**에서** 동북지방**에 걸쳐** 강한 지진이 있었습니다.

037 간다고 한 **이상에는** 갈 수밖에 없다.
일본에 온 **이상에는**, 일본의 규칙에 따라야 한다.
프로인 **이상에는**, 일은 책임을 지고 해야 한다.

038 시마다 씨와는 졸업한 다음 해에 한 번 만난 것이 **마지막**이다.
아들은 아침 일찍 나간 **채**, 아직 돌아오지 않는다.
그는 내 책을 가져간 **채** 돌려주지 않는다.

039 할 수 있는지 어떤지 우선은 해 보는 **것이 좋다**.
돈이 필요하다면 열심히 일해**야 한다**.
차를 탄다면 술은 마시지 않아**야 한다**.

040 상냥한 그녀**이니까**, 도와줄 거라고 생각한다.
성실한 그 사람**이기에**, 틀림없이 일을 잘 할 것이다.
엄격한 야마다 선생님**이니까**, 겨울 방학에는 숙제를 많이 내줄 것이다.

041 일이 바빠서 식사를 할 시간**조차** 없다.
몹시 지쳐서 서 있는 것**조차** 할 수 없다.
사고로 자식을 잃은 그녀는 살아갈 희망**조차** 잃어버렸다.

042 당신**만** 좋다**면**, 나는 그것으로 좋습니다.
시간**만** 있으**면**, 그 콘서트에 갈 수 있는데.
열이 내려가기**만** 하**면** 이제 괜찮습니다.

043 승부는 그 날의 컨디션**에 달려 있다**.
합격할 수 있을지 어떨지는 본인의 노력**에 달려 있다**.
사귀는 친구**에 따라** 인생이 바뀌는 경우도 있다.

044 마음씨가 고운 그녀는 곤란해 하고 있는 사람을 보면, 돕**지 않고는 못 배긴다**.
나는 단 것을 아주 좋아해서, 단 것을 보면, 손을 대**지 않고는 못 배긴다**.
스트레스를 느낀 날에는 술을 마시**지 않을 수 없다**.

045 엄마의 얼굴을 보**자마자**, 아이는 울기 시작했다.
갑자기 일어선 **순간**, 현기증이 났다.
현관문을 잠그**자마자**, 안에서 전화가 울리기 시작했다.

046 더워서 목이 말라 **견딜 수 없다**. (**너무** 목이 마르다)
감기약 탓인지, **너무** 졸립**니다**.
어머니의 병이 걱정**이 되어 견딜 수 없다**.

047 뉴스에 따르면, 버스요금이 오른다**고 한다**.
이 병의 치료는 꽤 어렵다**고 한다**.
친구로부터 편지가 왔는데, 건강하게 잘 지내고 있다**고 한다**.

048 이번 세일에서는 TV나 세탁기**와 같은** 물건이 저렴하다.
이 가게는 식기나 타월**과 같은** 다양한 일상용품을 취급하고 있다.
단백질이 많은 음식이라면, 고기나 생선, 콩**과 같은** 것이 떠오른다.

049 시험준비로 바쁜 **때에** 친구가 놀러 왔다.
꽃놀이하러 나가려고 했을 **때에**, 비가 내리기 시작했다.
하품을 한 **모습을** 사진 찍혔다.

050 생선은 먹지 **못할 것은 없**지만, 별로 좋아하지 않는다.
이 정도의 문제라면 풀지 **못할 것도 없다**.
하면 **못할 것도 없**지만, 가능하면 하고 싶지 않다.

051 그는 모든 것을 알고 있**지만** 아무 말도 하지 않았다.
돈을 모아, 작**지만** 자신의 집을 가질 수 있었다.
그 아이는 지극히 평범한 초등학생**이지만**, 골프에 대한 지식은 프로 수준이다.

052 수학**에 관한 한** 그녀는 반에서 일등이다.
자동차의 운전**에 있어서는** 상당한 자신이 있다.
컴퓨터 작업**에 있어서는** 누구에게도 지지 않는다.

053 열심히 공부했으니까 합격할 것**임에 틀림없다**(**반드시** 합격하게 **되어 있다**).
한 발자국도 밖으로 나가지 않고 생활해 가는 것은 **당연히** 무리**이다**.
이런 장난을 한 것은 그 아이**일 게 뻔하다**.

054 유원지는 평일**치고는** 몹시 붐비고 있었다.
공부를 잘하는 그녀**치고는** 별로 좋은 점수가 아니었다.
하나코 씨는 여성**치고는** 키가 크다.

055 그가 성공한 것은 **다름아닌** 노력의 결과**이다.**
이 계산이 틀린 원인은 **다름아닌** 입력실수**이다.**
학생 지도를 위해서라고는 해도, 역시 체벌은 폭력**임에 다름없다.**

056 노력을 하지 않고 성공할 **리가 없다.**
고급 명품이 그렇게 쌀 **리가 없다.**
노인도 오를 수 있는 산이니까, 위험할 **리가 없다.**

057 카레는 좋아하지 않는다고 해도 전혀 먹지 않는 **것은 아니다.**
일이 바쁘다고 해도 일년 내내 바쁜 **것은 아니다.**
이따금 야구장에 가지만, 딱히 야구를 좋아하는 **것은 아니다.**

058 이것은 빌린 것이라서 당신에게 줄 **수는 없다.**
회식이 있어서 간사인 내가 늦게 갈 **수는 없다.**
내일은 시험이 있기 때문에, 공부하지 않을 **수는 없다.**

059 양의 많고 적음**을 불문하고** 주문에 대응하겠습니다.
이 상점가는 밤낮**을 불문하고** 북적인다.
그녀의 소설은 연령이나 성별**을 불문하고** 많은 사람들이 읽는다.

060 학교 이전**을 둘러싸고** 다양한 의견이 나왔다.
그 정치가의 발언**을 둘러싸고,** 다양한 논의가 들끓고 있다.
새로운 회사명**을 둘러싸고** 4시간이나 논의가 계속되었다.

061~090

061 그의 태도**로 보아,** 사과할 생각은 전혀 없는 것 같다.
말투**로 보아,** 그녀는 도쿄사람이 아닌 것 같다.
교사 **입장에서 보면,** 과외활동은 상당히 준비가 힘이 든다.

062 부자**라고 해서** (반드시) 행복하다고는 단정할 수 없다.
맛있다**고 해서,** 그렇게 많이 먹는 것은 몸에 좋지 않아.
한 번 정도 거절당했다**고 해서** 쉽게 포기할 생각은 없다.

063 지금까지 몇 번이나 담배를 끊으려고 생각했**던가!**
사고 뉴스를 보고, 얼마나 걱정했**던가!**
당신이 도와줄 수 있다면 얼마나 마음이 든든**할까!**

064 곤란하**게도** 집 열쇠를 어디선가 분실해 버렸다.
유감스럽**게도** 시합은 비 때문에 취소되었다.
슬프**게도** 합격점에 1점이 모자라서 불합격이 되어 버렸다.

065 외출할 **때**는 반드시 문을 잠그도록 하세요.
자세한 것은 만나뵈었을 **때**에 말씀 드리겠습니다.
이번 **기회에** 납득이 갈 때까지 대화하는 편이 좋다.

066 다나카 씨의 사정을 물어보**았더니,** 금요일이라면 언제라도 좋다는 것이었다.
모임장소를 문의**했더니,** 친절하게 가르쳐 주었다.
새로운 카메라를 사용해 보**았더니,** 매우 사용하기 편리했다.

067 새로운 빌딩이 완성되**고 있다.**
지구 온난화로 빙하가 줄어들**고 있다.**
인구 증가와 더불어, 이 마을의 주택 사정은 악화되**고 있다.**

068 야마다 씨와는 고등학교를 졸업**한 이래** 만나지 않았다.
병을 앓**고 난 이래** 식생활에는 신경을 쓰고 있다.
교토에는 학창시절에 방문**한 이래로** 가지 않았다.

069 가족과 상의하**고 나서가 아니면** 답변할 수 없습니다.
훈련을 받**고 나서가 아니면** 이 일은 할 수 없다.
조사를 하**고 나서가 아니면** 대책은 세울 수 없다.

070 전철 안에서 큰 소리를 내는 것은 몰상식한 일**인 것이다.**
회사 돈으로 가족 여행을 하는 것은 뻔뻔스러운 일**인 것이다.**
그는 어려운 시험에 합격했다. 오랜 세월의 노력이 결실을 맺은 일**인 것이다.**

071 오랜 시간 공부하면, 성적이 오르**는 것은 아니다.**
돈만 있으면 반드시 행복해질 수 있**는 것은 아니다.**
방범 카메라를 설치했다고 해서, 안전**한 것은 아니다.**

072 스페인어를 공부했다**고는 해도** 아는 것은 인사말뿐이다.
입학금은 비싸다**고는 해도** 지불할 수 없는 금액은 아니었다.
봄**이라고는 해도** 아직 추운 날이 계속되고 있다.

073 일이 바빠서 여행갈 **상황이 아니다.**
내일은 시험이라서, 영화를 보러 갈 **상황이 아니야.**
아파서 식사할 **상황이 아니었다.**

074 1. 가족**과 함께** 여행을 떠났다. 〈공동행위자〉
신약 개발은 어려움**과 동시에** 비용도 든다.
〈다른 측면을 제시〉
2. 인구가 증가함**에 따라,** 주택문제가 심각해졌다.
물가 상승**에 따라** 사람들의 생활은 어려워졌다.

075 졸업식은 강당**에서** 거행될 예정이다.
다나카 군이 올해 웅변대회**에서** 우승했다.
환경문제는 현대사회**에 있어서의** 커다란 과제 중의 하나이다.

076 과일은 종류**에 관계없이** 뭐든지 좋아합니다.
참가하고 하지 않고**에 관계없이** 연락해 주십시오.
유학을 가는 것**에 관계없이,** 어느 정도의 외국어 능력은 필요하다고 생각한다.

077 관객의 박수**에 답하여,** 그 가수는 앵콜곡을 노래했다.
국민의 뜨거운 응원**에 부응하여,** 그녀는 금메달을 땄다.
그는 부모의 기대**에 부응하여** 훌륭한 학자가 되었다.

078 그녀는 이사**에 즈음하여** 불필요한 물품을 처분했다.
이 제품을 사용할 **때**는 주의가 필요합니다.
우치다 과장의 전근**에 즈음하여** 송별회가 열렸다.

079 출국**에 앞서,** 수상은 기자회견을 했다.
영화의 일반 공개**에 앞서,** 시사회가 열렸다.
시합**에 앞서,** 개회식이 거행되었다.

080 사람은 나이를 먹음**에 따라** 완고해지고 성격이 급해진다고 한다.
물가가 오름**에 따라** 사람들의 생활이 어려워졌다.
제품이 보급됨**에 따라** 가격은 내려 간다.

081 그의 이야기는 모두 사실임**에 틀림없다.**
그녀는 약속을 잊었음**에 틀림없다.**
인기가 있는 레스토랑이니까 맛있을 것임**에 틀림없다.**

082 의학의 발달**에 따라** 인간의 수명이 늘어간다.
여름 방학이 다가옴**에 따라,** 왠지 두근거리기 시작했다.
어두워짐**에 따라** 점점 졸리기 시작했다.

083 당신**에게 있어서** 가장 소중한 추억은 무엇입니까?
휴대폰은 현대인**에게** 없어서는 안 될 존재가 되고 있다.
아이**에게 있어서** 아버지의 존재는 매우 크다.

084 도심의 인구가 증가함**에 따라**, 주택문제는 심각해지고 있다.
인터넷의 발달**에 따라** 많은 정보가 넘쳐나게 되었다.
공업화**에 따라**, 공기오염이 심해졌다.

085 약속했음**에도 불구하고**, 그는 오지 않았다.
실패할 가능성이 높은**데도 불구하고**, 그는 계획을 실행했다.
비가 오는**데도 불구하고**, 많은 사람들이 공연을 보러 왔다.

086 회의는 5시간**에 걸쳐서** 이루어졌다.
태풍은 일본 전역**에 걸쳐** 피해를 끼쳤다.
2년간**에 걸친** 빌딩 공사가 마침내 끝났다.

087 돈이 없는 **탓에** 교육을 받을 수 없는 경우가 있다.
가게 예약을 하지 않았던 **탓에** 1시간이나 기다리게 되었다.
내 설명이 서투른 **탓에**, 모두를 오해하게 해 버린 것 같다.

088 어머니**는 물론** 아버지도 우리의 결혼에 찬성해 주었다.
이 호텔에서는 영어**는 물론**, 일본어도 통한다.
교토**는 물론** 일본 전국에 옛 사찰이 남아 있다.

089 그의 연락처를 모르기 때문에 연락할 **방법이 없다**.
낡은 기종이라서 이제 부품이 없어서, 수리할 **방법이 없다**.
요리할 재료가 전혀 없기 때문에 만들 **수가 없다**.

090 신문**을 통해서**, 세상일을 알 수가 있다.
두 사람은 대학의 서클 활동**을 통해** 알게 되었다.
여행**을 통해서** 다양한 경험을 했다.

091~120

091 그는 부모와 싸운 **끝에**, 집을 나가 버렸다.
그는 술을 많이 마신 **끝에** 소란을 피우기 시작했다.
고민 **끝에**, 지금 다니는 회사를 그만두기로 했다.

092 1. 차는 편리한 **한편으로**, 대기오염이나 교통사고의 원인도 되고 있다.
이 나라는 천연 자원이 풍부한 **한편으로**, 그것을 활용할 만한 기술이 없다.
2. 그는 공부하는 **한편으로**, 토요일과 일요일은 아르바이트를 해서 돈을 모으고 있다.
음악가인 이시하라 씨는 작곡활동을 하는 **한편으로** 소설 집필도 하고 있다.

093 그 회사의 도산은 충분히 있을 **수 있는** 일이었다.
그가 취한 태도는, 나(에게)는 충분히 이해할 **수 있는** 것이었다.
정직한 사람인 그가 거짓말을 하고 있다니 있을 **수 없다**.

094 친구한테 빌린 책은 아직 읽**고 있는 중**이다.
테이블 위에 먹**다 만** 케이크가 놓여 있다.
그는 일을 하**다 만** 채 외출한 것 같다.

095 그는 아까부터 몹시 화나 있는 것 같아서, 왠지 가까이 가**기 어렵다**.
그 건강한 야마구치 씨가 병에 걸리다니 믿**기 힘든** 일입니다
3개월 동안의 입원 생활은 나에게 있어서 견디**기 힘든** 고통이었다.

096 그는, 수업이 끝나**기가 무섭게** 교과서를 치우기 시작했다.
하나의 문제가 해결되**기가 무섭게**, 연달아 새로운 문제가 일어난다.
그는 상당히 피곤했는지, 이불 속으로 들어가**자마자** 잠들어 버렸다.

097 가르치는 입장**에서 보면**, 성적이 아니라 의욕이 있느냐 없느냐가 중요하다.
할아버지의 현재의 건강 상태**로 보아** 장기간의 여행은 무리일 것이다.
현재 상황**으로 보아**, 즉시 그 계획을 실행하는 것은 무리겠지요.

098 야마다 씨의 제안은, 그 발상**부터가** 재미있다.
그는 겉보기**에도** 상당한 부자같다.
이 앙케트는 조사 방법**부터가** 문제가 있다.

099 이 성적**으로 보아**, 그녀는 이번 시험에 합격할 것임에 틀림없다.
외국인의 눈**으로 보면**, 일본인은 언제나 바쁜듯이 행동하는 것 같다.
당신**이 보기에는** 아무래도 좋은 일이라도, 나에게는 중대한 일인 것입니다.

100 날씨가 좋아서 버스를 타는 **대신에** 걸어서 집까지 돌아가기로 했다.
이 방은 역에서 먼 **대신에**, 집세가 싸다.
사장님 **대신에** 야마다 부장이 회의에 출석하게 되었다.

101 약속은 반드시 지키겠다고 말한 **주제에**, 그는 약속 장소에 오지 않았다.
아무것도 모르는 **주제에** 쓸데없는 말을 하지 마세요.
그녀는 요리가 서투른 **데도** 다른 사람의 요리를 맛이 없다고 말한다.

102 노무라 씨는 20년간 쉬**지 않고** 회사에 근무했다.
실패를 두려워하**지 않고**, 도전해 주었으면 한다.
졸업하고 나서도 우리의 우정은 변함**없이** 계속되어 갈 것이다.

103 오후 회의는 2시부터 시작되**기로 되어 있다**.
내일 스즈키 씨를 만나**기로 되어 있다**.
나카무라 선생님의 수업에서는, 매주 리포트를 제출하**게 되어 있다**.

104 **한창** 회의를 하고 있을 **때**, 휴대폰이 울렸다.
한창 공부하고 있을 **때**, 누군가가 현관에 왔다.
시합이 **한창일 때** 갑자기 비가 내리기 시작했다.

105 그것은 이론**상** 불가능하다.
이 마을에는 역사**상** 유명한 건물이 많이 있다.
개인정보를 멋대로 공표하는 것은, 법률**상** 허용되어 있지 않다.

106 회의에 늦은 것은 길이 막힌 **탓이다**.
수면부족 **탓에** 일의 능률이 오르지 않는다.
올해는 기온이 높은 **탓인지**, 겨울이 되어도 좀처럼 눈이 내리지 않는다.

107 배가 고파서 **견딜 수가 없다**(**너무** 배가 고프다).
오랜만에 고국에 돌아가게 되어, **너무** 기쁘다.
자신의 부주의로 일이 이렇게 되어 버려, **너무** 유감스럽다.

108 1. 어머니는 자동차 운전**은커녕**, 자전거도 못 탑니다.
이 제품은 아시아**는 물론** 아프리카에까지 수출되고 있다.
2. 감기는 나아지기**는커녕**, 더욱 더 나빠졌다.
모처럼 도와주었는데, 그녀는 고마워하기**는커녕** 귀찮다는 듯한 표정을 지었다.

109 기초부터 착실히 공부하**지 않고서는** 능숙해질 리가 없다.
인기 작가의 작품이라도 재미있**지 않으면** 팔릴 리가 없다.
몸이 튼튼하**지 않으면** 이 일은 할 수 없을 것이다.

110 1. 인기 상품**이므로** 품절되는 경우가 있습니다.
점심시간**이므로**, 사무실은 1시까지 쉽니다.
2. 아르바이트비는, 심야에는 1시간**당** 1000엔입니다.
회식 회비는 한 사람**당** 3000엔입니다.

111 지금까지의 조사**에 근거하여** 리포트를 정리했다.
오랜 세월의 경험**에 근거하여** 학생을 지도한다.
결혼은 양자의 합의**에 근거하여** 이루어지는 법이다.

112 그는 말**뿐만 아니라** 태도도 건방지다.
그는 일에 열심일 **뿐만 아니라** 자원봉사 활동도 적극적으로 하고 있다.
지금의 업무는 자신의 전문 지식을 살릴 수 없을 **뿐만 아니라**, 급여도 낮다.

113 이 가게의 요리는 맛**은 어쨌든** 가격은 싸다.
비용문제**는 그렇다치고** 여행지를 결정하는 쪽이 먼저다.
이 가게는, 주위 환경**은 어쨌든**, 역이 멀어서 불편하다.

114 이 약은 잘 듣는 **반면**, 부작용도 심하기 때문에 주의가 필요하다.
사이토 선생님은 상냥한 **반면**, 엄격한 면도 있다.
인터넷은 편리한 **반면**, 많은 위험성을 가지고 있다.

115 비가 내리고 있어서, 오늘 소풍은 연기할 **수밖에 없다**.
내가 잘못했으니, 사과할 **수밖에 없다**.
해외 여행은 가고 싶지만, 돈이 없기 때문에 포기할 **수밖에 없다**.

116 1. 지진이 났을 때는 누구나 당황하는 **법이다**.
고생해서 체험한 것은, 좀처럼 잊지 않는 **법이다**.
2. 어렸을 적, 자주 남동생과 **싸웠었지**.
옛날에는 자주 영화를 보**곤 했다**.
3. 온천은 몇 번을 와도 좋**군요**.
올해야말로 일본어능력시험에 합격하고 싶**구나!**

117 어제는 너무 피곤했**기 때문에** 식사도 하지 않고 자 버렸다.
역까지 멀었**기 때문에** 택시를 탔습니다.
그의 중국어가 너무나 자연스러**워서**, 틀림없이 중국인인줄 알았는데 일본인이었다.

118 돌아갈 **수만 있다면** 지금 당장 고국으로 돌아가고 싶다.
그 날의 기억을 지울 **수만 있다면** 지워 버리고 싶다.
갈 **수만 있다면** 유럽에 가 보고 싶다.

119 이번 주 중에 보고서를 쓰겠다고는 했**지만**, 도저히 쓸 수 없을 것 같다.
이 전구는 가격은 싸**지만**, 수명이 짧기 때문에 그다지 이점이 없다.
이 철도회사의 새로운 노선은 편리하**지만** 운임이 비싸다.

120 일본 여행**을 계기로** 일본 문화에 관심을 갖게 되었다.
TV프로그램에서 소개된 것**을 계기로** 상품이 대히트를 쳤다.
그는 회사를 그만둔 것**을 계기로**, 독립해서 가게를 내기로 했다.

121~150

121 다음에 같이 회식이라도 **하자!**
오늘은 날씨가 좋으니까, 산책이라도 하**지 않겠는가?** (산책이라도 **하자**)
역 앞에 새로운 가게가 생겼으니, 모두 함께 가 보**자**.

122 1. 이것**이야말로** 일본의 맛이다.
그 사람**이야말로** 차기 사장이 되어야 할 사람이다.
2. 어렵**기에 더욱** 보람이 있다.
그는 노력했기 **때문에**, 성공한 것이다.

123 그가 작성한 서류는 오류**투성이다**.
창문을 열어 두었더니 방안이 먼지**투성이**가 되었다.
점심을 먹으러 식당에 갔더니, 샐러리맨 **투성이**었다.

124 1. 아버지는 아이의 기뻐하는 얼굴을 떠올리**면서**, 선물을 골랐다.
열차에 흔들리**면서** 잠이 들었다.
2. 담배는 몸에 나쁘다고 알**면서도**, 좀처럼 끊을 수 없다.
편지의 답장을 써야 한다고 생각하**면서도**, 바빠서 좀처럼 쓸 수 없다.

125 눈앞에서 사고를 보고 무서워**서 견딜 수 없었다**.
야마다 군은 며칠이나 학교를 쉬고 있다. 무슨 일이 있었는지 걱정이 되**어 견딜 수 없다**.
아이들이 학교에 다니는 길인데도 신호등이 없다는 것은 **너무나** 위험하다는 생각이 든**다**.

126 나는 일본**하면**, 후지산을 연상합니다.
도쿄의 꽃놀이 명소**로 말하자면**, 우에노공원이다.
A : 어제 우치다 씨를 만났어요.
B : 우치다 씨**라고 하면** 최근 만나지 않았는데, 잘 지내시나요?

127 졸업은 마지막**이라기보다** 새로운 출발이다.
이 방은 냉방이 너무 잘돼서, 시원하다**기보다** 추울 정도다.
이 부근은 번화하다**기보다**, 사람의 왕래나 자동차 소리로 시끄러울 정도다.

128 가격이 비싸다고 해서 질이 좋다**고는 단정할 수 없다**.
실력 있는 팀이 언제나 이긴다**고는 할 수 없다**.
돈이 많다고 해서 행복하다**고는 할 수 없다**.

129 여행 출발**에 즈음하여**, 한번 더 짐을 확인했다.
본 서비스를 이용하실 **때에는**, 이하의 내용을 잘 읽어 주십시오.
신학기를 맞이하기**에 즈음해서** 기분을 새롭게 먹고 등교했다.

130 1. 소득**에 상응하여** 세금을 낸다.
연령**에 상응하여** 취향도 변화한다.
2. 코스 요리는 손님의 희망**에 맞추어** 변경할 수 있습니다.
일하는 여성의 기대**에 부응하여**, 가사나 육아에 협력적인 남성이 늘고 있다고 한다.

131 1. 가을 운동회는 날씨가 맑은 경우**에 한하여** 결행합니다.
선착순 30분**에 한해**, 멋진 선물을 드립니다.
런치 세트를 주문하신 고객**에 한해**, 샐러드를 서비스합니다.

132 편의점**뿐만 아니라**, 24시간 영업하는 가게가 늘고 있다.
이 유원지는 어린이**뿐만 아니라**, 어른들에게도 대단히 인기가 있다.
해외 여행은 부자**뿐만 아니라** 누구든지 갈 수 있게 되었다.

133 그 점**에 관해서** 좀 더 자세하게 이야기해 주세요.
이 건**에 관해서**는, 현재 조사 중입니다.
남동생은 차**에 관한** 사진집을 모으고 있다.

134 올해는 작년**에 비해** 상당히 더웠다.
나는 국어**에 비해** 수학을 잘한다.
평지**에 비해** 높은 산은 기온이 낮다.

135 1. 길을 **따라** 나무가 심어져 있습니다.
강을 **따라** 걸어 가자.
2. 회의의 결정**에 따라** 계획을 추진합시다.
회사의 방침을 **따라** 새로운 상품을 개발한다.

136 그 사람**에 대해서** 저는 아무것도 모릅니다.
일본의 근대사**에 대해서** 책을 쓴다.
환경 문제**에 대한** 강연을 들으러 갔다.

137 그의 태도를 볼 **때마다**, 가정 교육의 중요함을 느낀다.
이 노래를 들을 **때마다**, 고향이 생각난다.
시골의 부모님으로부터 소포가 도착할 **때마다** 고맙게 생각한다.

138 진학을 바라는 부모의 기대**에 반해** 그는 취직했다.
회사의 기대**와는 달리**, 신제품의 매출은 별로 좋지 않다.
오후부터 개인다고 하는 일기 예보**와는 달리**, 계속 비가 내리고 있다.

139 일본어는 한자**를 빼고**는 말할 수 없다.
내 주위에는 매일 아침 식사**를 거르는** 사람이 많이 있다.
홍차 문화**를 빼고** 영국을 말할 수는 없다고 한다.

140 1. 비록 어려움이 있더라도 마지막까지 해**내는** 것이 중요하다.
무라타 씨는 의지가 강한 사람으로, 끝까지 자신의 신념을 지켜**냈다**.
2. 겨울철 추위에 **몹시** 곤란하**다**(**매우** 힘들**다**).
그녀는 나의 성격을 **너무나 잘** 알**고** 있는 듯했다.

141 스즈키 선수는 일본 국내**뿐만 아니라** 해외에서도 유명하다.
이 맨션은 집세가 비쌀 **뿐만 아니라**, 관리비도 비싸기 때문에 생활이 힘들다.
플라스틱의 사용을 줄이는 것은 해양생물을 보호할 **뿐만 아니라** 인간의 건강을 지키는 일도 된다.

142 1. 그녀가 거짓말을 하는 일은 **없을 것이다**.
내일은 비는 내리지 **않을 것이다**.
2. 이 일은 아무에게도 알려주**지 않겠다**.
이제 싸움은 하**지 않겠다**고 반성했다.

143 해외**를 겨냥한** 상품을 개발한다.
이것은 어린이**용**의 쉬운 산수책입니다.
도쿄도에서는 외국인 **대상**의 영어 정보지를 발행하고 있습니다.

144 그녀는 남의 눈**도 개의치 않고** 큰 소리로 울었다.
오빠는 가족의 걱정**도 상관하지 않고**, 모험 여행을 가려고 한다.
그는 빗속을 우산도 쓰지 않고, 옷이 젖는 것**도 개의치 않고** 달려갔다.

145 그의 연설에는, 사람들을 감동시키는 **데가 있다**.
이 나라의 발전은 **정말로** 눈부시다.
이 오래된 건물은 실로 훌륭하다**고 느껴진다**.

146 집 근처에는 학교**도** 있**거니와** 병원**도** 있어서 편리하다.
지금의 나에게는 돈**도** 없**거니와** 시간**도** 없다.
그는 노래**도** 잘하**거니와** 춤**도** 잘 춘다.

147 취직을 **계기로**, 가족과 떨어져 자취를 하게 되었다.
콩쿠르에서의 우승을 **계기로**, 그녀는 폭넓게 활약하기 시작했다.
미국 출장을 **계기로**, 그는 본격적으로 영어를 공부하기 시작했다.

148 아버지의 생신에, 마음을 **담아** 넥타이를 선물했다.
부인은 애정을 **담아**, 남편의 도시락을 만들었다.
선생님께 감사의 마음을 **담아** 이 문집을 만들었습니다.

149 가족을 **비롯하여** 많은 친구가 공항에 나와 그를 맞이했다.
다나카 씨의 제안에는 부장을 **비롯하여** 많은 사람이 찬성하고 있다.
도쿄의 중심부에는, 국회를 **비롯하여**, 여러 나라의 기관이 모여 있다.

150 이 드라마는, 실제로 있었던 이야기를 **토대로** 만들어졌다고 한다.
시민들의 요망(희망)을 **토대로**, 앞으로의 계획을 세운다.
많은 자료를 **바탕으로** 보고서를 정리했다.

해답

PART 1

001~030

● 연습문제

01	01.②	02.④	03.②	04.③	05.④	06.③	07.②	08.④	09.②	10.②	p.17
02	01.④	02.①	03.②	04.②	05.①	06.①	07.②	08.①	09.③	10.③	p.18
03	01.④	02.②	03.③	04.③	05.③	06.①	07.②	08.①	09.④	10.②	p.19
04	01.④	02.③	03.①	04.②	05.①	06.③	07.④	08.③	09.②	10.③	p.25
05	01.②	02.②	03.③	04.③	05.①	06.②	07.④	08.②	09.④	10.②	p.26
06	01.③	02.④	03.①	04.④	05.①	06.③	07.②	08.②	09.④	10.③	p.27
07	01.③	02.②	03.①	04.③	05.②	06.③	07.③	08.②	09.①	10.①	p.33
08	01.①	02.④	03.③	04.③	05.②	06.②	07.④	08.①	09.①	10.③	p.34
09	01.③	02.③	03.④	04.④	05.②	06.①	07.③	08.③	09.②	10.④	p.35

● 총정리문제 ①

01.④	02.③	03.②	04.③	05.③	06.①	07.①	08.④	09.③	10.②	p.36
11.②	12.①	13.①	14.③	15.③	16.④	17.③	18.①	19.②	20.③	
21.③ (2431)		22.④ (2431)		23.④ (1423)		24.③ (2431)		25.④ (1243)		p.38
26.① (2314)		27.④ (3412)		28.③ (2314)		29.③ (2431)		30.② (4231)		
31.① (2413)		32.② (4231)		33.① (3142)		34.① (2134)		35.③ (4231)		
36.① (4132)		37.④ (1342)		38.④ (2431)		39.④ (3241)		40.① (3214)		
41.③	42.②	43.④	44.③	45.②	46.②	47.④	48.②	49.①	50.③	p.41

PART 2

031~060

● 연습문제

10	01.④	02.④	03.②	04.②	05.①	06.③	07.③	08.②	09.③	10.①	p.51
11	01.③	02.③	03.③	04.②	05.①	06.①	07.③	08.④	09.③	10.②	p.52
12	01.②	02.④	03.①	04.②	05.②	06.④	07.③	08.①	09.②	10.①	p.53
13	01.④	02.③	03.③	04.②	05.①	06.②	07.①	08.③	09.④	10.②	p.59
14	01.④	02.②	03.③	04.④	05.③	06.①	07.①	08.③	09.②	10.②	p.60
15	01.③	02.④	03.①	04.②	05.④	06.①	07.①	08.④	09.①	10.④	p.61
16	01.③	02.①	03.②	04.②	05.④	06.③	07.④	08.③	09.④	10.②	p.67
17	01.③	02.②	03.①	04.③	05.③	06.②	07.①	08.③	09.①	10.④	p.68
18	01.③	02.③	03.②	04.③	05.④	06.①	07.①	08.③	09.②	10.②	p.69

● 총정리문제 ②

01.②	02.②	03.③	04.③	05.①	06.②	07.①	08.①	09.④	10.④	p.70
11.③	12.①	13.③	14.④	15.②	16.②	17.④	18.④	19.②	20.③	
21.② (3124)		22.① (4213)		23.④ (3142)		24.① (4123)		25.④ (3412)		p.72
26.② (1423)		27.① (4312)		28.① (3142)		29.② (3124)		30.③ (1342)		
31.④ (3241)		32.④ (3241)		33.② (4231)		34.① (4213)		35.① (2413)		
36.① (4213)		37.② (1423)		38.② (4231)		39.③ (2314)		40.④ (3142)		
41.②	42.③	43.②	44.②	45.④	46.②	47.①	48.③	49.①	50.③	p.75

PART 3

061~090

● 연습문제

19	01.③	02.②	03.④	04.②	05.④	06.④	07.③	08.③	09.②	10.①	p.85
20	01.②	02.④	03.③	04.②	05.①	06.④	07.③	08.②	09.③	10.③	p.86
21	01.③	02.②	03.②	04.③	05.②	06.①	07.④	08.①	09.①	10.②	p.87
22	01.①	02.③	03.②	04.④	05.③	06.①	07.③	08.①	09.①	10.①	p.93
23	01.②	02.①	03.③	04.①	05.①	06.②	07.④	08.①	09.②	10.①	p.94
24	01.①	02.②	03.②	04.③	05.④	06.③	07.②	08.③	09.③	10.④	p.95
25	01.③	02.④	03.③	04.③	05.③	06.②	07.④	08.③	09.④	10.④	p.101
26	01.③	02.①	03.④	04.②	05.④	06.③	07.③	08.①	09.②	10.①	p.102
27	01.④	02.②	03.④	04.①	05.④	06.②	07.②	08.①	09.②	10.③	p.103

● 총정리문제 ③

01.④ 02.③ 03.④ 04.① 05.① 06.④ 07.② 08.③ 09.② 10.① p.104
11.④ 12.② 13.③ 14.② 15.① 16.② 17.④ 18.④ 19.① 20.②
21.③ (2314) 22.④ (3241) 23.② (3421) 24.④ (1432) 25.③ (2314) p.106
26.③ (4321) 27.④ (3421) 28.① (3412) 29.② (1423) 30.④ (2341)
31.② (1234) 32.① (4312) 33.① (2314) 34.③ (1432) 35.② (3124)
36.③ (1432) 37.① (2413) 38.④ (2341) 39.① (4312) 40.① (2413)
41.② 42.③ 43.④ 44.② 45.③ 46.① 47.③ 48.① 49.② 50.④ p.109

PART 4

091~120

● 연습문제

28	01.③	02.②	03.①	04.①	05.④	06.③	07.④	08.②	09.④	10.③	p.119
29	01.③	02.④	03.③	04.③	05.②	06.①	07.①	08.④	09.①	10.②	p.120
30	01.④	02.③	03.③	04.②	05.③	06.②	07.②	08.③	09.③	10.④	p.121
31	01.③	02.③	03.④	04.③	05.④	06.②	07.③	08.②	09.③	10.④	p.127
32	01.②	02.①	03.①	04.②	05.①	06.③	07.①	08.①	09.②	10.③	p.128
33	01.③	02.②	03.④	04.②	05.③	06.③	07.③	08.②	09.②	10.③	p.129
34	01.②	02.③	03.②	04.④	05.②	06.①	07.②	08.②	09.④	10.②	p.136
35	01.①	02.③	03.②	04.④	05.④	06.③	07.④	08.②	09.②	10.④	p.137
36	01.③	02.②	03.①	04.②	05.④	06.③	07.③	08.④	09.①	10.④	p.138

● 총정리문제 ④

01.④ 02.① 03.① 04.③ 05.④ 06.③ 07.① 08.③ 09.③ 10.① p.139
11.② 12.③ 13.④ 14.③ 15.④ 16.② 17.③ 18.② 19.③ 20.①
21.② (4231) 22.④ (3412) 23.② (3421) 24.① (3142) 25.③ (4231) p.141
26.① (3214) 27.③ (4132) 28.② (1423) 29.① (4132) 30.④ (3241)
31.② (1423) 32.④ (2341) 33.② (3124) 34.③ (1432) 35.② (3124)
36.④ (1423) 37.③ (2431) 38.① (3124) 39.② (4213) 40.② (1423)
41.③ 42.④ 43.① 44.① 45.③ 46.③ 47.② 48.④ 49.① 50.② p.144

PART 5

121~150

● 연습문제

37	01.①	02.③	03.②	04.②	05.①	06.②	07.③	08.④	09.③	10.③	p.155
38	01.③	02.③	03.①	04.④	05.③	06.③	07.②	08.③	09.①	10.②	p.156
39	01.④	02.③	03.①	04.②	05.②	06.③	07.②	08.②	09.③	10.②	p.157
40	01.①	02.②	03.①	04.③	05.④	06.①	07.①	08.①	09.③	10.①	p.163
41	01.④	02.④	03.③	04.①	05.③	06.④	07.④	08.②	09.①	10.③	p.164
42	01.④	02.①	03.③	04.②	05.③	06.④	07.②	08.①	09.③	10.④	p.165
43	01.②	02.②	03.④	04.③	05.①	06.③	07.②	08.③	09.④	10.④	p.171
44	01.③	02.④	03.③	04.②	05.①	06.③	07.④	08.④	09.①	10.②	p.172
45	01.③	02.②	03.④	04.③	05.③	06.③	07.②	08.①	09.③	10.②	p.173

● 총정리문제 ⑤

01.③ 02.① 03.③ 04.① 05.③ 06.② 07.② 08.① 09.② 10.④ p.174
11.④ 12.① 13.③ 14.① 15.④ 16.③ 17.① 18.② 19.③ 20.④
21.③ (1342) 22.① (2413) 23.① (2314) 24.③ (1342) 25.① (3142) p.176
26.④ (2143) 27.② (4123) 28.② (3241) 29.③ (2431) 30.④ (2413)
31.② (1423) 32.① (3142) 33.② (1423) 34.④ (2143) 35.④ (2413)
36.④ (2431) 37.② (4123) 38.① (2143) 39.④ (1432) 40.② (4231)
41.② 42.③ 43.③ 44.① 45.② 46.② 47.② 48.② 49.③ 50.① p.179

부록 - 모의테스트

1회

問題7 01.② 02.③ 03.③ 04.① 05.① 06.④ 07.① 08.② 09.④ 10.① p.184
11.② 12.①
問題8 13.① (4312) 14.④ (1432) 15.① (2413) 16.④ (3142) 17.③ (4231) p.186
問題9 18.① 19.② 20.② 21.③ 22.④ p.187

2회

問題7 01.③ 02.① 03.② 04.① 05.② 06.① 07.④ 08.④ 09.③ 10.① p.189
11.④ 12.④
問題8 13.④ (1243) 14.② (3241) 15.③ (2431) 16.② (4321) 17.① (2413) p.191
問題9 18.② 19.③ 20.① 21.② 22.④ p.192